RODIN
L'homme d'airain

Couverture :
Le Penseur
Auguste Rodin.
Bronze, 180 x 98 x 145 cm.
Musée Rodin, Paris,
n° d'inventaire S 1295.

Portrait de Rodin
Photographie
d'Edward Steichen.

Portrait de Rodin
Dessin au crayon de
Auguste Renoir.

RODIN
L'homme d'airain

SERGE GÉRARD
En collaboration avec
Marie-Christine Daunis

CHEMINEMENTS

« Tout homme contemporain de Rodin, qui a laissé faire son buste par n'importe qui d'autre, passera à la postérité (s'il y passe), sous les espèces d'un stupéfiant crétin. »

George Bernard Shaw (1856-1950)

« Nulle part entre Michel-Ange et l'époque moderne une tête ne s'est levée aussi haut que celle de Rodin… Il est notre Michel-Ange et s'il ne l'avait pas été, il aurait fort bien pu être notre Donatello. »

William Ernest Henley (1849-1903)

« Sous ses mains, le marbre semblait couler comme du plomb fondu. »

Isadora Duncan (1878-1927)

« Mon ambition : écrire comme Rodin sculpte. »

Jules Renard (1864-1910)

PRÉFACE

FIGURE emblématique de la Belle Époque, Auguste Rodin est aussi l'un des artistes de référence de l'histoire de l'humanité.

Aucun sculpteur n'a connu une telle gloire, en France et dans le monde, de son vivant et, plus encore semble-t-il depuis sa disparition.

Pourquoi Rodin est-il le sculpteur à la fois le plus populaire, le plus novateur, voire le plus révolutionnaire de son temps ?

À cheval sur deux siècles (Auguste Rodin est né à Paris le 12 Novembre 1840 et s'est éteint à Meudon le 18 Novembre 1917), cet artiste colossal a marqué la sculpture de son empreinte.

Certes, il fut d'abord un génial sculpteur post-romantique, et un apôtre de la tradition figurative au point qu'on l'accusa d'avoir moulé *l'Age d'Airain* sur nature tant la précision anatomique était saisissante.

Mais Rodin est aussi, à plus d'un titre, l'inventeur de la sculpture moderne comme le montrent les « trucages » de certaines de ses œuvres (*L'Homme qui Marche*, *La Cathédrale*...).

Rodin avait une connaissance approfondie de l'anatomie, mais, au-delà du rendu anatomique, l'objectif qu'il poursuivait était, selon lui, d'« *extraire la cervelle d'un homme pour lui appliquer sur le visage* ».

Dans les œuvres de Rodin, l'idée, fulgurante, jaillit. Elle anime l'œuvre d'une force d'intelligence, pas seulement d'une force figurative. Autrement dit : la pensée traduite dans la forme.

Sensualité, passion, énergie, rythme, parfois à la limite du déséquilibre, traversent les corps vibrants et torturés que Rodin fait vivre devant nos yeux.

Les bronzes et la loi française

LES BRONZES occupent une place bien particulière dans le domaine des œuvres d'art : d'une part parce qu'ils sont une authentique œuvre d'art, bien que l'artiste n'ait créé de ses mains que le plâtre ou la cire à partir de quoi l'œuvre de bronze sera fondue.

D'autre part parce que, contrairement à un tableau, unique, ils sont multiples et non numérotés jusqu'à ce que la loi ne l'impose.

Le législateur ne fait pas de différence entre les bronzes réalisés du vivant d'un artiste et les œuvres fondues après sa mort, dès lors qu'ils sont réalisés fidèlement d'après le plâtre ou la cire originale. Voie en annexe page 103, le très intéressant jugement de la Cour de Cassation du 18 mars 1986.

Le législateur considère qu'un bronze est original dès lors que le tirage est limité à 12 exemplaires, fondus du vivant de l'artiste ou après son décès. Il faut noter que bien des bronzes mondialement célèbres ont été tirés à plus de 12 exemplaires, cette notion de limitation datant de mars 1981.

On peut citer bien des exemples :

Les bronzes de Diego Giacometti ne sont pas numérotés, leur nombre est inconnu ou du moins imprécis.

La célèbre *Danseuse de quatorze ans* de Degas fut tirée à 24 exemplaires, des années après le décès du maître : Degas est mort en 1917, le tirage des *Petites Danseuses* débutera en 1923, pour se terminer après la deuxième guerre mondiale, dans les années 60.

Le *Penseur Monumental* a été reproduit à 21 exemplaires

Le *Ratapoil* de Daumier a été réalisé à 30 exemplaires...

Objectivement, la notion de bronze original introduite en 1967 dans le code général des Impôts, puis reprise en 1995 par ce même code, est une notion bien plus fiscale qu'artistique. Elle permet de baptiser « Bronze Original » tout tirage artistique, même post mortem, dès lors qu'il est réalisé à 8 exemplaires numérotés auquel il est légal d'ajouter 4 épreuves d'artiste et l'épreuve de référence (dite maître modèle), estampillée

Reproduction, vous avez dit reproduction...

Afin de clarifier la situation, un décret datant du 3 mars 1981, connu sous le nom de décret Marcus, vise à différencier l'édition originale des tirages postérieurs (voir en annexe page 102).

De nos jours, selon la loi française, les droits de reproduction des œuvres de Rodin sont régis par ce décret.

Un bronze peut être fondu à partir d'un plâtre conforme au plâtre original de Rodin dans la mesure où l'éthique de l'œuvre est respectée, qu'il porte le cachet de la fonderie, qu'il indique la date de la fonte et qu'il porte le mot « Reproduction » de manière visible et indélébile.

Pourtant, il ne s'agit pas d'une reproduction au sens populaire du mot... mais d'une Re-Production (en anglais « Second Cast »). Le bronze sera identique en tout point aux bronzes de la 1ére édition, sauf la date de fonte qui est clairement et nettement indiquée (alors qu'auparavant le flou était bien souvent soigneusement entretenu : combien de bronzes, post mortem, se sont vus attribués comme date celle de la réalisation du plâtre par Rodin lui-même !).

Signature de Rodin

E.F. (épreuve de fonderie). Il en résulte, en France, une TVA réduite.

Rodin, quant à lui, ne limita jamais sa production : agrandissements, réductions, multiplication des patines, intervention de nombreuses fonderies (Susse, Alexis Rudier, Barbedienne, Thiébaut, Godard, de Coubertin, Montagutelli, pour n'en citer que quelques-unes). Citons également la Compagnie des Bronzes, à Bruxelles. Les archives du Musée Rodin ne dénombrent pas moins de vingt-huit fonderies avec lesquelles Rodin a collaboré.

Nous savons aussi que Rodin répugnait parfois à payer convenablement les fonderies ; celles-ci se dédommageaient alors en tirant quelques épreuves supplémentaires qu'elles vendaient elles-mêmes.

Il est aussi intéressant de noter que, de 1900 à 1915, Rodin a confié la quasi-totalité du patinage de ses œuvres à Jean-François Limet qui demeurait à Cayeux dans le Nord : les fonderies lui envoyaient les bronzes pour patinage. C'était d'ailleurs souvent Limet lui-même qui informait le maître des variations de qualité du patinage.

Les bronzes étaient ensuite souvent réexpédiés directement depuis Cayeux jusqu'aux acheteurs.

De son vivant, Rodin chercha à diffuser ses sculptures en très grand nombre. L'intérêt d'une limitation ne lui apparaissait en aucune façon.

À sa mort, la production ne fera que s'intensifier : soit les fonderies en avaient l'autorisation par contrat, soit — un grand flou régnant autour des tirages — de nombreux courtiers firent couler et vendirent des bronzes de Rodin, en dehors du contrôle du Musée Rodin, détenteur du droit moral.

Nombre des bronzes de Rodin que l'on peut admirer dans les musées (et notamment au Musée Rodin) ou dans les grandes collections privées, ont été réalisés bien après le décès du sculpteur.

Rodin assis à côté du plâtre de l'*Éternel Printemps* à Meudon.
Photo Dornac – © *Bridgeman Giraudon*

La passion du bronze

DES GRANDS-PARENTS maternels et paternels vignerons immigrants d'origine roumaine — Moldave exactement — que la famine pousse à s'exiler d'Europe Centrale dans les années 1900, un père industriel dans le domaine de l'alimentation animale, on ne trouve rien dans l'héritage familial de Serge Gérard qui ait pu le conduire naturellement à s'intéresser au monde de l'art.

Son diplôme de l'École de Polytechnique de Grenoble en poche, c'est donc dans le sillage de son père qu'il travaille au sein du groupe Virbac (pharmacie vétérinaire). Très vite le groupe devient l'un des leaders mondiaux dans son secteur d'activité. Première expérience professionnelle passionnante : elle inculque à Serge le goût de la réussite.

À la tête de ce groupe : Pierre Richard Dick, dont Serge Gérard se plaît à dire « qu'il est un génie comme on n'en rencontre qu'un seul dans une vie… »

L'histoire va le faire mentir car un autre génie va croiser sa route.

Ce génie a pour nom Salvador Dali.

C'est à l'hôtel Meurice, à Paris, qu'a lieu cette rencontre décisive. L'artiste se prend d'amitié pour Serge Gérard qui bientôt, grâce à Dali, peut organiser deux expositions au sein du palace parisien : la première dans le salon Rivoli ; la deuxième dans la célèbre suite « 106-108 » où l'artiste a vécu plusieurs années et où il peignit certaines de ses toiles les plus importantes.

Avec Dali, Serge Gérard est entré dans un nouvel univers ; il sait à présent quelle est sa vocation, quelle est sa passion : celle des bronzes artistiques.

Il quitte donc définitivement le monde de la pharmacie vétérinaire, cède ses parts de société pharmaceutique à ses amis et partenaires niçois et crée dans la foulée ARTCO-France en 1980.

Il organise tout d'abord plusieurs expositions autour de l'Univers Fantastique de Dali (présentant essentiellement des sculptures) à San José, au Costa Rica, à New York au San Regis, à Londres, dans les anciens appartements de Dali et enfin en 1989, à la salle Gaveau à Paris.

1995 : Serge Gérard s'intéresse à l'œuvre sculptée des grands artistes du XIXe siècle : Degas, Modigliani, Rembrandt, Bugatti, Daumier et surtout... Rodin.

Comment faire partager cette passion ? En éditant leurs bronzes ! Ce sera chose faite à partir de 1998.

Manquait une partenaire dans le puzzle d'une vie comblée...

Elle se présente sous les traits d'une jeune femme d'origine chinoise, Amuoï, à qui Serge saura communiquer la passion des bronzes ; elle deviendra bientôt son épouse et une irremplaçable collaboratrice.

▲ Serge Gérard et son épouse dans leur bureau ; à droite La Petite Danseuse de 14 ans de Degas.

L'âme d'une fonderie : Benatov

La fonderie Valsuani Airandor, située dans les Yvelines près de Paris, est sans conteste unique et ce à plus d'un titre :

Unique parce qu'elle est la continuité de l'ancienne fonderie de Marcel Valsuani. Marcel Valsuani, ancien directeur de la fonderie Hébrard créa sa fonderie à la fin du XIXe siècle et s'installa en 1909 rue des Plantes à Paris. Rachetée par Leonardo Benatov, elle sera transférée à Chevreuse dans les années 80.

Unique car, parmi les techniques que Leonardo Benatov, a mises au point, celle de la fonte sous vide permettant de couler d'un seul jet des pièces mesurant jusqu'à cinq mètres de haut, apporte une beauté incomparable par rapport aux pièces qui, coulées en plusieurs fois dans différents moules, réagissent de façon différente à la cuisson.

Unique car celui qui fait vivre ce lieu chargé d'émotion est lui-même un sculpteur et un peintre.

Cachet Valsuani

Cachet Airaindor

Des artistes aussi renommés que Richard Guino, Antoni Clavé, Anthony Quinn, Salvador Dali, Jean Verame, César... ne s'y sont point trompés, qui sont venus travailler et fondre sous l'œil d'un autre artiste, l'âme de ce lieu : Benatov.

Les ayants droit non plus et l'on peut citer ceux de Picasso, d'Henri Moore, d'Henri Laurens, de Giacometti, de Modigliani, de Germaine Richier, de Renoir, de Gonzales, de Rembrandt Bugatti, de Carrier Belleuse.

Benatov devenu détenteur du cachet et des archives Valsuani, afin d'éviter toute confusion avec les fabrications de l'ancienne fonderie de la rue des Plantes, déposera un second cachet : Airaindor, et l'utilisera chaque fois qu'une confusion ancienne sera à craindre.

Logo de la fonderie

Fonderie Airaindor Valsuani

Leonardo Benatov et Amuoï Gérard

Il conçoit et fait construire sa fonderie à Chevreuse, dans le parc de la propriété de la chapelle Saint Lubin, un lieu historique.

L'histoire rapporte qu'avait existé dans ce lieu une petite fonderie d'armes à l'époque des croisades.

Bien des âmes habitaient déjà ce lieu chargé d'histoire, car les bâtiments sont ceux d'une ancienne léproserie du Moyen Âge tenue par des moines. C'est ici que les Croisés, de retour de pèlerinage, s'arrêtaient pour se faire soigner. Nombre d'entre eux y moururent. Ils reposent sous la dalle d'une ancienne salle de garde.

Est-ce leur présence qui ajoute encore à la magie dont est imprégné ce lieu qui attire tant d'artistes ? En partie peut-être, mais avant tout parce qu'ils trouvent en Benatov un interlocuteur à deux visages.

D'une part il y a le créateur, qui comme eux connaît l'univers des artistes, comprend leur sensibilité puisqu'elle est aussi la sienne ; d'autre part il y a le fondeur, qui leur apporte son immense savoir-faire.

Comme Rodin qui, passant dans sa fonderie, d'un coup de doigt montrait ce qu'il fallait corriger, Benatov circule, accompagne les artistes venus travailler ici.

Ils ont choisi d'y venir car, disent-ils, ils s'y sentent « en famille ». Une famille d'artistes, comme celle du maître des lieux...

C'est donc cette fonderie magique, à la fois immense et ultra-moderne, mais aussi pleine de minutie et empreinte de tradition que l'équipe ARTCO-France a choisi pour faire revivre les bronzes de Rodin.

L'art du bronze

L'ART DU BRONZE remonte à trois mille ans avant Jésus-Christ. Il s'agissait alors de fabriquer des objets d'utilité courante : récipients, armes, bijoux…

Plus tard, Égyptiens, Romains, Grecs créent des statues en bronze à la gloire des Dieux et des Empereurs.

La statue-œuvre d'art en bronze apparaît seulement sous la Renaissance, au milieu du XVIe siècle.

L'alliage utilisé, appelé lui aussi bronze est le mélange de 4 métaux : du cuivre (85 à 90 %), de l'étain (12 à 7 %), du zinc et du plomb en quantités infinitésimales.

La technique du bronze est une technique de transfert permettant de passer d'un modèle créé par un artiste à sa reproduction en bronze.

Le bronze est un moyen de reproduction et de multiplication ; seul le modèle est réalisé par l'artiste. Le rôle du fondeur et de ses collaborateurs (ciseleur, patineur) est déterminant. Par conséquent, le bronze n'est ni unique, ni autographe.

On comprend que le mot original soit à bannir de l'univers du bronze. Rodin qualifiait lui-même ses bronzes de « reproductions en bronze de ses œuvres en argile ». C'est ce même qualificatif qui figure d'ailleurs dans la donation Rodin de 1916 à l'État comme dans le catalogue du musée Rodin de 1920 qui propose à la vente « des reproductions en bronze des œuvres d'Auguste Rodin » ; voir à ce sujet en annexe page 104, le contrat signé entre Rodin et la fonderie Barbedienne le 6 juillet 1898.

Nombre des bronzes sont post-mortem. L'artiste a créé le modèle. Ses héritiers ou ayants droit peuvent l'immortaliser en créant des reproductions en bronze de différentes dimensions, pouvant ainsi répondre à la demande et s'adapter aux différents rôles qui seront dévolus à ces bronzes : statuettes, statues, monuments…

Il s'agit donc à la fois d'une démocratisation et d'une « éternisation » de l'art statuaire. « C'est trop de responsabilité de laisser derrière soi quelque chose en bronze, cette matière qui est pour l'Éternité. » dira Ambroise Vollard.

En guise de conclusion, donnons la parole à *Arsène Alexandre*, le biographe de *Barye* :

« On se demande un peu en quoi le Grand Art sera tué si vingt personnes de goût possèdent chez elles, sous leurs yeux attentifs, une épreuve d'un chef-d'œuvre au lieu que ce chef-d'œuvre, tiré à un exemplaire unique et dans des proportions colossales soit exposé dans la rue à la curiosité de 100 imbéciles et de 20 000 indifférents ».

Deux techniques rivalisent dans la réalisation des Bronzes : la fonte à la cire perdue et la fonte au sable

1ère étape : le plâtre (37,5 cm de haut).

2e étape : le moulage

3e étape : l'estampage

La fonte à cire perdue

LE BRONZE est le résultat d'une technique traditionnelle de transfert depuis un modèle ou depuis un plâtre de ce modèle. Nous décrivons ici succinctement les différentes étapes de ce transfert.

Notre idée première était de faire un reportage de la fabrication du *Penseur*, petit format, de l'étape 1 (plâtre) à l'étape 20 (cirage). Hélas, ce cycle se déroulant sur plus de 2 mois, nous avons été amené à utiliser, pour des raisons pratiques plusieurs photos correspondant à la réalisation d'autres pièces.

En pratique :

Petit Penseur : étapes 1 à 13, 16 et 17
Penseur Monumental : étape 5 (Démoulage)
Bronze non identifié : étape 15 (Ébardage)
Âge d'Airain : étape 18 (Ciselure)
Ève : étape 19 (Patinage)

1ère étape : le plâtre

2e étape : le moulage

Le moule, appelé autrefois « moule à bon creux » était jadis en gélatine. Il est maintenant en élastomère. Il reproduit en négatif le plâtre original ; il est en deux parties (plus si le modèle est complexe). L'élastomère, matière souple, est recouvert à l'extérieur d'un mélange de plâtre et de bois, ce qui permet de le rigidifier.

3e étape : l'estampage

Sur la face interne de chacune des deux parties du moule, on applique au pinceau de la cire chaude liquide en plusieurs couches sur une épaisseur de 5 à 10 mm (la future épaisseur du bronze).

Les deux parties du moule sont ajustées et soudées ensemble par adjonction de cire. C'est cette cire qui, fondant lors de l'étuvage, sera détruite, d'où le nom de la technique : « fonte à la cire perdue ».

4e étape : le noyautage

Le vide qui occupe le cœur du moule est rempli d'une substance liquide et réfractaire à base de fibre de verre, de barbotine et de cristobalite. Cette substance, en se solidifiant, constitue le noyau.

4e étape : le noyau et la cire

5e étape : le démoulage

7e étape : pose des bâtonnets de cire

5ᵉ étape :
le démoulage
d'un Penseur
Monumental.

5ᵉ étape : le démoulage

Le moule en élastomère est retiré. L'objet sculpté (dont l'épiderme est en cire) qui apparaît est un exact transfert du modèle original.

6ᵉ étape : la retouche

Cette étape est très importante : le sculpteur, ou un praticien gomme les coutures, corrige les petites imperfections (qui parfois sont les imperfections ou cassures du modèle même) ; c'est à cette étape que sont apposés cachet d'atelier et numérotation.

7ᵉ étape : pose de bâtonnets de cire

Un réseau de bâtonnets de cire est mis en place. En fondant, ils formeront des canaux qui sont de 3 sortes :

les égouts : par où la cire fondue s'écoulera ;

les jets : par où sera introduit l'alliage en fusion ;

les évents : par où s'échapperont les gaz de fusion et l'air.

8ᵉ étape : l'imprimage

La cire est recouverte d'une fine matière réfractaire.

Égouts, jets et évents sont reliés entre eux par des canalisations métalliques.

10e étape : le moule de fonderie

11e étape : le séchage

12e étape : l'étuvage

L'alliage en fusion à 1250 °C

13e étape : la coulée

9e étape : pose des attaques

Des aiguilles, appelées attaques, sont placées entre la matière réfractaire externe et le noyau afin d'assurer la solidité de l'ensemble.

10e étape : le moule de fonderie

L'ensemble est recouvert d'une potée réfractaire qui constitue le moule de fonderie. Pour des pièces de petites dimensions, on utilise des cylindres métalliques préexistants, qui constituent l'armature du moule de fonderie

11e étape : le séchage

Le moule de fonderie est placé dans une tour de séchage dans laquelle on fait le vide.

12e étape : 'étuvage

Le moule de fonderie est placé dans une étuve à une température de 200 °C à 300 °C. La cire fond et s'écoule, laissant la place libre pour le bronze qui va bientôt être coulé.

L'ensemble est alors porté à 700 °C afin de durcir moule et noyau.

13e étape : la coulée

C'est l'étape décisive, le couronnement d'un long cheminement. Ici va naître le bronze.

L'alliage en fusion est porté à 1250 °C environ dans un creuset.

Il est versé dans la poche de coulée, puis précipité en une seule fois dans le moule de fonderie qui a été placé à l'envers dans la fosse.

14e étape : le décochage

Après refroidissement, le moule de fonderie est brisé. Le bronze apparaît, « brut de fonderie », il est grisâtre, rugueux, bardé de tubulures et plein d'aspérités.

Le noyau intérieur est extrait par morceaux.

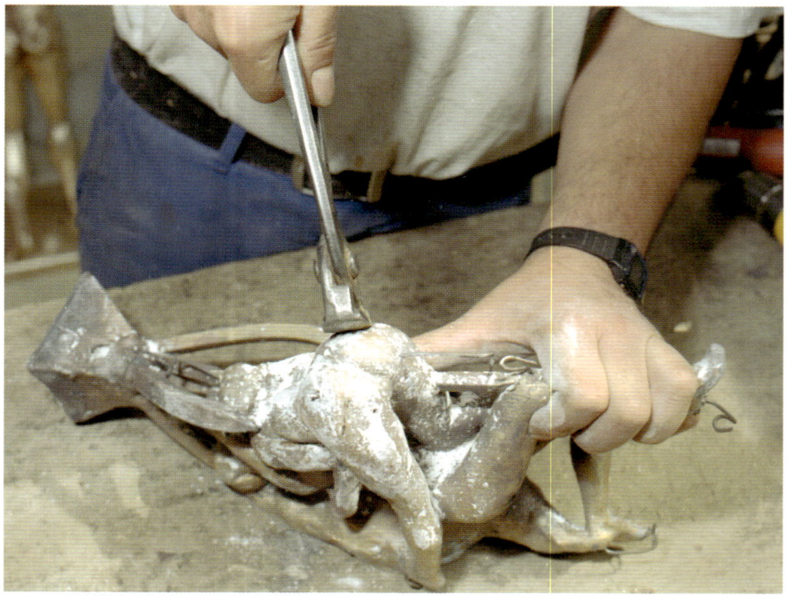

15e étape : l'ébardage

16e étape : le lavage

17e étape : le rebouchage

18e étape : la ciselure

15e étape : l'ébarbage

Elle consiste à enlever les attaques et toutes les excroissances qui adhèrent au bronze.

16e étape : le lavage

Une fois ébardé, le bronze est lavé à grande eau, sous pression, dans une tour de lavage.

17e étape : le rebouchage

Elle consiste à rectifier certains détails, à corriger les petites anomalies qui ont pu apparaître lors de la fabrication du bronze.

18e étape : la ciselure

Elle s'effectue en prenant le plâtre original comme élément de comparaison et vise à donner un grain uniforme au bronze. Réalisée à l'aide d'outils spécifiques, la ciselure est une étape extrêmement délicate.

19e étape : le patinage

Le patinage est, en fait, une oxydation artificielle du métal. Le bronze ciselé est d'un aspect rougeâtre, plus ou moins doré d'où l'utilité du maître modèle. Le patinage est tout un art qui repose sur l'utilisation d'agents chimiques : chlorure de sodium, nitrate de cuivre, ammoniaque, arsenic, sulfure de potassium, apposés au pinceau. Le bronze est ensuite passé au chalumeau oxyacétylénique.

Chaque patineur a ses secrets, plus ou moins ancestraux et… il ne nous les communiquera pas.

Brun, vert, bleu, noir, les palettes de teintes sont infinies.

20e étape : le cirage

Le bronze est brossé avec une cire transparente.

Ce processus demande, selon l'importance des pièces à fondre, entre deux et quatre mois.

19e étape : le patinage

Le résultat

La fonte au sable

Là encore, il s'agit de réaliser le transfert depuis un modèle ou depuis un plâtre de ce modèle.

1ère étape : le plâtre

2e étape : prise de l'empreinte

Le modèle est appuyé sur du sable mélangé à de la résine, de façon à en réaliser une empreinte en creux. Cette opération est répétée avec les deux faces du modèle. Le mélange sable-résine se trouve à l'intérieur de châssis métalliques. Il constitue le moule.

3e étape : réalisation du sosie

Les deux faces du moule sont rassemblées. Dans ce moule, on réalise par coulée un noyau, identique au modèle et dans le même mélange sable + résine, ce noyau est appelé « sosie ».

4e étape : amincissage du noyau

Le noyau doit être aminci de 5 à 10 mm (on dit « tiré d'épaisseur ») afin de libérer l'espace où se répandra le métal en fusion.

5e étape : protection du noyau

Le noyau est recouvert, au pinceau, d'une couche protectrice qui évitera l'effritement du sable qui le constitue.

6e étape : positionnement du noyau dans le moule

Le noyau est positionné dans le moule. Il est maintenu en place par des tiges métalliques qui assurent son équilibre et sa stabilité.

7e étape : remise en place des châssis métalliques

Les châssis métalliques sont destinés à emprisonner moule et noyau. Ils sont remis en place et soigneusement ajustés.

8e étape : la coulée

L'alliage en fusion se trouve dans le creuset. Il est versé dans la poche de coulée puis dans un bassin. La quenouille qui fermait l'orifice du bassin est ôtée. L'alliage en fusion se répand alors dans les châssis métalliques, entre moule et noyau, constituant le bronze.

9e étape : le décochage

Après refroidissement, les châssis métalliques sont ouverts, le moule est cassé et l'épreuve apparaît, brute de fonderie.

Les étapes suivantes sont identiques à celles de la fonte à la cire perdue :

Lavage (10)
Ébarbage (11)
Rebouchage (12)
Ciselure (13)
Patinage (14)
Cirage (15).

L'homme d'airain 1840-1917

1 - La traversée du désert (1840 - 1875)

AUGUSTE RODIN est né à Paris, dans une mansarde, le 12 novembre 1840, au 3 de la rue de l'Arbalète, tout près de la rue Mouffetard.

Ses parents sont des gens d'origine modeste (tous deux viennent de la campagne) : son père, Jean-Baptiste, est un petit inspecteur de Police de la Préfecture de Paris (« un petit mouchard », du style Javert des *Misérables,* diront les mauvaises langues) ; sa mère, Marie, est femme de ménage et lingère.

De Rodin enfant, peu d'images si ce n'est cette photo d'archive le représentant aux côtés de sa sœur aînée Marie, dont il est très proche.

Auguste est un petit garçon timide et solitaire. Dés l'age de 10 ans, ses parents le retirent de l'école - où il suit une scolarité médiocre dans à peu près toutes les matières. Sans doute sa sévère myopie est-elle responsable de son orthographe déplorable qui lui interdit l'accès aux études. Seul le dessin l'intéresse. Il dessine partout, recopie les pages de livres illustrés dont l'épicier — leur voisin — enveloppe les fruits secs.

Indéniablement le dessin est, dès son plus jeune âge, son moyen de communication avec le monde.

Renonçant à ce que Auguste embrasse une carrière de fonctionnaire, son père l'inscrit à quinze ans à l'École

Portrait de Rodin et de sa sœur Maria
Anonyme - Papier albuminé,
11 x 8,5 cm.
Musée Rodin, Paris, N° d'inventaire Ph 2.

Impériale de Dessin, la « Petite École » en opposition avec la « Grande École », plus conformiste, des Beaux-Arts.

Libéré du carcan familial et scolaire, Auguste gère enfin sa vie comme il l'entend.

Le matin, il suit des cours à la « Petite Ecole », rue de l'École de Médecine où il aura notamment pour professeur Jean-Baptiste Carpeaux. Il se passionne pour la sculpture et surtout le modelage de la terre glaise.

L'après-midi, il s'exerce à la copie de sculptures au Louvre ou de gravures à la Bibliothèque Impériale. Le soir, il suit des cours (gratuits) au Collège de France ou à la Manufacture des Gobelins où il découvre avec ravissement le travail d'après modèle vivant, le nu, nu auquel il voue une grande admiration.

Trois années de suite, il se présente à l'École des Beaux Arts (la « Grande École »). Trois tentatives, trois échecs. Incroyable quand on pense qu'il s'agit de Rodin !!!

Vingt ans durant, pour gagner sa vie, Rodin va errer d'atelier en atelier, travailler pour des décorateurs, des ornemanistes... Il en est même réduit à prendre un emploi chez un artisan en maçonnerie.

Artisan le jour, artiste la nuit...

Pour l'aider, sa sœur Maria âgée de vingt ans, prend un emploi.

En 1855 il rencontre Barye, le grand sculpteur animalier.

En décembre 1862, Rodin perd cette sœur Maria, qu'il adorait plus que tout au monde. Inconsolable, il entre chez les Pères du Très-Saint-Sacrement, ordre fondé par le père Eymard (qui sera canonisé en 1962). Il y restera un an sous le nom de Frère Augustin.

En 1863, il sculpte le buste du Saint Homme, qui refusera et détestera le résultat y voyant l'influence du Diable. Cette commande, jamais réglée par l'ecclésiastique, sera la cause d'une fâcherie éternelle entre les deux hommes.

En 1864, il rencontre Rose Beuret, une jolie couturière de dix-neuf ans qui sera son premier modèle et, finalement, sa compagne durant cinquante-trois ans.

Avec elle il découvre la sensualité et, au fil des ans, Rose finira par faire partie intégrante de sa vie.

La même année, il ouvre son premier atelier, rue Lebrun, près des Gobelins.

Il travaille désormais à plein temps pour Carrier-Belleuse et ne se consacre à son œuvre personnelle que le soir.

Sa première œuvre reconnue, *l'Homme au nez cassé,* est refusée par le jury du Salon des artistes français à Paris.

En 1866, Rose Beuret met au monde Auguste Beuret, fils que Rodin ne reconnaîtra jamais. Enfant, Auguste Beuret a fait une chute sur la tête depuis le second étage d'un appartement, accident dont il a gardé de graves séquelles. Il sera le modèle de *Jean d'Aire, « Le Bourgeois à la Clé »*. Marginal, alcoolique, Auguste Beuret sera totalement abandonné par son père qui ne le reconnaîtra jamais et ne lui léguera rien.

1870, c'est le siège de Sedan et la capitulation honteuse. Napoléon III abdique. Rodin est incorporé dans la Garde Nationale, il est affecté à la défense de Paris, assiégé par l'armée allemande. Rodin et les siens, comme beaucoup de Parisiens, crèvent de faim !

1871, Rodin est réformé pour myopie. On sait qu'à cause de cette très forte myopie il sculptera toujours le nez sur son œuvre !

Février 1871, c'est la Commune. Cette guerre fratricide fera 25 000 morts. Guerre et misère poussent Rodin à s'expatrier en Belgique où il restera jusqu'en 1877.

En Belgique, après avoir travaillé pour Carrier-Belleuse, il s'associe à un artiste belge, Antoine Joseph Van Rasbourgh et, enfin, commence à vivre de son travail. Rose le rejoint à Bruxelles. Rodin se passionne pour les artistes flamands.

Grâce à son extraordinaire mémoire visuelle, il est capable, après avoir visité le musée où elle est exposée, de recopier de mémoire, avec une extraordinaire précision, une œuvre de Rubens : le tableau est au musée, Rodin est dans sa chambre !

Rodin semble rattraper le temps perdu et dévore des ouvrages de littérature. On raconte que dans les rues de Bruxelles, on peut le croiser, marchant le nez plongé dans un livre, et heurtant parfois sur son passage là un passant, là un poteau…

Il aime Lamartine, est fasciné par Dante dont il découvre la Divine Comédie. Sartre appellera ce rapport qui l'unit à Dante « la formidable amitié avec un poète mort »…

1875 : Le Salon de Paris expose enfin deux œuvres de Rodin dont *L'Homme au nez cassé (Portrait de « Bibi »)*. La même année, il fait un voyage essentiel : il séjourne en Italie, va à la rencontre de Michel-Ange, découvre Donatello.

L'Homme au Nez Cassé
© *Réunions de Musées Nationaux.*

2 - Le scandale de *l'Âge d'Airain* *(1876 - 1880)*

SON MODÈLE est un jeune soldat belge de vingt-deux ans, Auguste Neyt, que Rodin préfère, pour son côté non conventionnel, aux modèles habitués à poser pour les ateliers de sculpture, trop académiques à son goût.

Terminé en 1876, *l'Âge d'Airain* (qui s'appela d'abord, entre autres *L'Homme qui s'éveille à la nature*) fut exposé en 1877 au Cercle artistique de Bruxelles où l'œuvre fut créée. *L'Âge d'Airain* provoque l'émerveillement par la vie qui s'en dégage. Il est ensuite exposé au Salon des Artistes Français de Paris, là encore c'est l'émerveillement.

L'Âge d'Airain, 180 cm.
© *Réunions de Musées Nationaux.*

Mais la rumeur, vipère insaisissable, s'insinue, se faufile… « *L'Âge d'Airain* » ne serait pas une sculpture, mais un moulage fait directement sur le modèle lui-même, voire sur un cadavre !

Trois ans de scandale durant lesquels Rodin est vilipendé.

Grâce au nouveau ministre de la culture, Turquet, *l'Âge d'Airain* est enfin réhabilité. Il est exposé au Salon des artistes de Paris. Le plâtre puis un bronze sont achetés par la ville de Paris en 1880. Rodin aura mis trois ans à démontrer l'injustice de cette accusation !!!

Exposé à Gand, *l'Âge d'Airain* obtient la médaille d'or. À quarante ans, Rodin cesse enfin de « tirer le diable par la queue ». Tout s'accélère alors pour « l'homme d'airain » qui commence à devenir une célébrité, que le tout Paris invite et visite. La ville de Paris met à sa disposition un atelier au célèbre dépôt des marbres, au 182 de la rue de l'Université.

Quant à la barbe de Rodin, elle ne cesse de s'allonger : chaque jour plus fournie, plus hirsute !

1879 : Rodin crée *Saint Jean Baptiste Prêchant* qui sera exposé en 1880 au Salon de Paris. Son modèle, Pignatelli, est un jeune paysan italien des Abruzes.

L'Âge d'Airain

Détail

Éd. ARTCO-France
n°3/25 – 64 x 25 x 16 cm
Cachet Airaindor.

L'Âge d'Airain

Éd. ARTCO-France n°3/25 –
64 x 25 x 16 cm
Cachet Airaindor.

Le Lion « Garde Bien »

En 1881, au décès de l'épouse d'Edmond Turquet, le ministre de la Culture, Rodin crée à sa mémoire une de ses très rares sculptures animalières : un lion assis, gueule ouverte, tête levée... « Garde bien » est la devise de la famille de la défunte, née Octavie de Montmorency. Ce lion inspirera un autre lion rugissant, mondialement connu, celui de la Metro Goldwyn Mayer.

LE LION « GARDE BIEN » - Éd. ARTCO-France n°1/25 - 29 x 33,5 x 15,5 cm - Cachet Airaindor.

Il se lie d'amitié avec la famille Cladel, se rendant régulièrement à leurs dîners. Il y rencontre Judith, fille de M. Cladel, qui deviendra sa biographe. Mais jamais Rodin n'emmènera « sa femme » Rose, qui passe ses journées à l'attendre.

La grande mode de l'époque est de faire sculpter son buste par Rodin : citons pour la fin du XIXe siècle : Laurens, Legros, Danielli, Victor Hugo, Dalou, Falguière, Puvis de Chavannes, Henley...

▲
L'Homme qui Marche
© Réunions de Musées Nationaux.

▲▲
Saint Jean Baptiste Prêchant
© Réunions de Musées Nationaux.

3 - *La Porte de l'Enfer :* le projet d'une vie (1880 - 1890)

En 1880, Edmond Turquet, au nom de l'État, commande à Rodin une porte monumentale en bronze pour un Musée des Art Décoratifs à venir en lui laissant le choix du thème. Rodin, tout plein de Dante (et aussi de Baudelaire) choisira le thème de l'Enfer.

Il se jette à corps perdu dans ce travail qui ne cessera jamais d'évoluer, mêlant figures, images de la souffrance comme de la volupté, faisant naître personnages qui vivront ultérieurement leur vie indépendamment de la Porte (qui jamais ni ne s'ouvrira ni ne se fermera...).

Rodin y travaillera pendant plus de vingt ans sans jamais l'achever.

Avec ses 227 figures, *La Porte de l'Enfer* (635 x 400 cm) est à Rodin ce que *La Comédie Humaine* est à Balzac.

« Une immense et géniale poubelle » dira le Professeur Hegueburr.

On retrouve, dans ce réceptacle des fantasmes de Rodin, toutes les passions, tous les plaisirs et tous les vices de l'humanité. Grappes humaines, corps tordus par la souffrance (dont Rodin dira qu'elle est : « le sacrement de la vie ») et par la passion qui s'enchevêtrent sur les panneaux.

L'Ombre
© Réunions de Musées Nationaux.

Le plâtre de la Porte ne fut jamais terminé du vivant de Rodin ; seul un plâtre, auquel manquaient la plupart des figures, fut exposé en 1900 à l'Exposition de l'Alma. Le plâtre définitif ne fut réalisé qu'en 1917.

Au sommet, trônent les *Trois Ombres* : les damnés qui content leurs souffrances à Dante. Lui contemple l'humanité qui, à ses pieds, se tord dans les douleurs du châtiment éternel, 3 sculptures identiques de Adam.

Ces *Trois Ombres* avertissent le spectateur : « Vous qui entrez, abandonnez toute espérance ».

Plâtre de la Porte de l'Enfer
© Réunions de Musées Nationaux.

7 Portes de l'Enfer

À ce jour, il existe 7 *Portes de l'Enfer* dans le monde, elles ont été coulées entre 1926 et 1996.

Une est à Paris au Musée Rodin/1926 à 1928, mise en place en 1938.

Une est à Zurich (Kunsthaus)/ 1942 à 1948 (prévue pour Hitler, non livrée).

Une est à Tokyo au Musée d'Art Occidental/1941 à 1949.

Une est à Philadelphie au Musée Rodin (USA)/ 1926 à 1928.

Une est à Stanford University (USA)/ 1977, livrée en 1981.

Une est à Shizuoka (Japon)/ 1990 à 1992.

Une est à Séoul (Corée)/ 1994 à 1996, livrée en 1997.

Au milieu du tympan, *Le Penseur*, image de Dante comme de Rodin, image du créateur, domine ce monde d'âmes errantes qui se déchirent.

Sur le montant de gauche, émergent de la brume des chutes d'enfants tombant sur les corps d'horribles vieilles femmes.

Le montant de droite semble dédié à des amours maudites, corps enlacés, arqués, aux désirs jamais assouvis. Les deux battants de la porte sont les Enfers même : Ugolin décharné rampe sur les corps de ses fils mourants, ; le long d'un fleuve de boue, des centaures tirent des flèches sur les damnés qui tentent de fuir, d'autres emportent des corps de femmes qui se tordent de souffrance.

Allégorie des passions humaines cette *Porte de l'Enfer* comprend une multitude de figures entremêlées. Contrastes. Equilibre. Déséquilibre. Rythmes violents. Ça foisonne. Ça grouille.

La Porte de l'Enfer devient une formidable matrice, un formidable réservoir dans lequel Rodin puisera toute sa vie.

Nombre de sculptures des plus connues sortiront de ce foisonnement et vivront leur vie isolément : *Le Penseur,* bien sûr, mais aussi : *Adam, Ève* (tous deux conçus pour encadrer *La Porte de l'Enfer*), *Le Baiser, Les Faunesses, Fugit Amor, Je suis belle, Ugolin et ses enfants, Paolo et Fransesca, L'Homme qui tombe, Le Torse d'Adèle*...

▶

Bronze de la Porte de l'Enfer.

À partir du printemps 1881, le tout Paris acclame Rodin, il est devenu « la coqueluche de ces dames », celui dont on parle dans les salons. Au Salon de Paris de 1881, quand il expose *Saint Jean-Baptiste Prêchant* et *Adam*... on dit « À voir absolument »...

La même année, il se rend à Londres et il se lie d'amitié avec Henley, le plus important critique d'art anglais de l'époque. Trente ans durant, ce dernier sera le lien de Rodin avec l'Angleterre qu'il adorait — et qui le lui rendait bien.

Les 3 Ombres
Petite Faunesse
Le Torse d'Adèle
Le Penseur
La Vénus
à la Toilette
Petite Faunesse
Petite Faunesse
Petite Faunesse
Ugolin
et ses Enfants
Fugit Amor
Le Baiser

4 - *Le Penseur* : naissance d'une œuvre emblématique (1882)

Les interminables délais de réalisation de cette œuvre gigantesque en bronze conduisent Rodin, on l'a vu, à exploiter isolément certaines figures qui peuplent les ventaux.

La Porte de l'Enfer, que Rodin modifiera toute sa vie, ne sera considérée comme achevée qu'à la mort du sculpteur en 1917. Elle ne sera fondue en bronze qu'en 1928.

Le Penseur est extrait de la Porte dans les années 1882 et Lebossé en réalise une réduction en plâtre à 37 cm qui sera fondue par Alexis Rudier et exposée pour la première fois à Copenhague en 1888 sous le nom de *Poète* (allusion probable à Victor Hugo, Rodin travaille en effet à cette époque à la réalisation du *Monument à Victor Hugo*). Il passera complètement inaperçu…

Œuvres issues de *La Porte de l'Enfer*.

En 1889, le plâtre du *Petit Penseur* est exposé à Paris sous le nom de *Poète Penseur*.

À partir de 1890, il prend le nom de *Penseur* et deviendra, comme nous le verrons, l'une des sculptures les plus célèbres du monde.

De cette œuvre majeure, à partir des trois plâtres de fonderie conformes aux plâtres d'origine, la réédition a été possible dans les trois dimensions choisies par Rodin.

Du *Petit Penseur (37 cm)*, nous avons suivi la réalisation dans le chapitre « Fonte à la cire perdue » (voir photos).

Du *Moyen Penseur (72 cm)*, que Rodin a édité en 1890 et qui est identique à celui de la Porte de l'Enfer, vous trouverez ici plusieurs photos. La patine noire choisie par ARTCO-France est celle que Rodin a choisi à l'époque.

Du *Penseur Monumental (180 cm)* nous reparlerons plus longuement au chapitre 11.

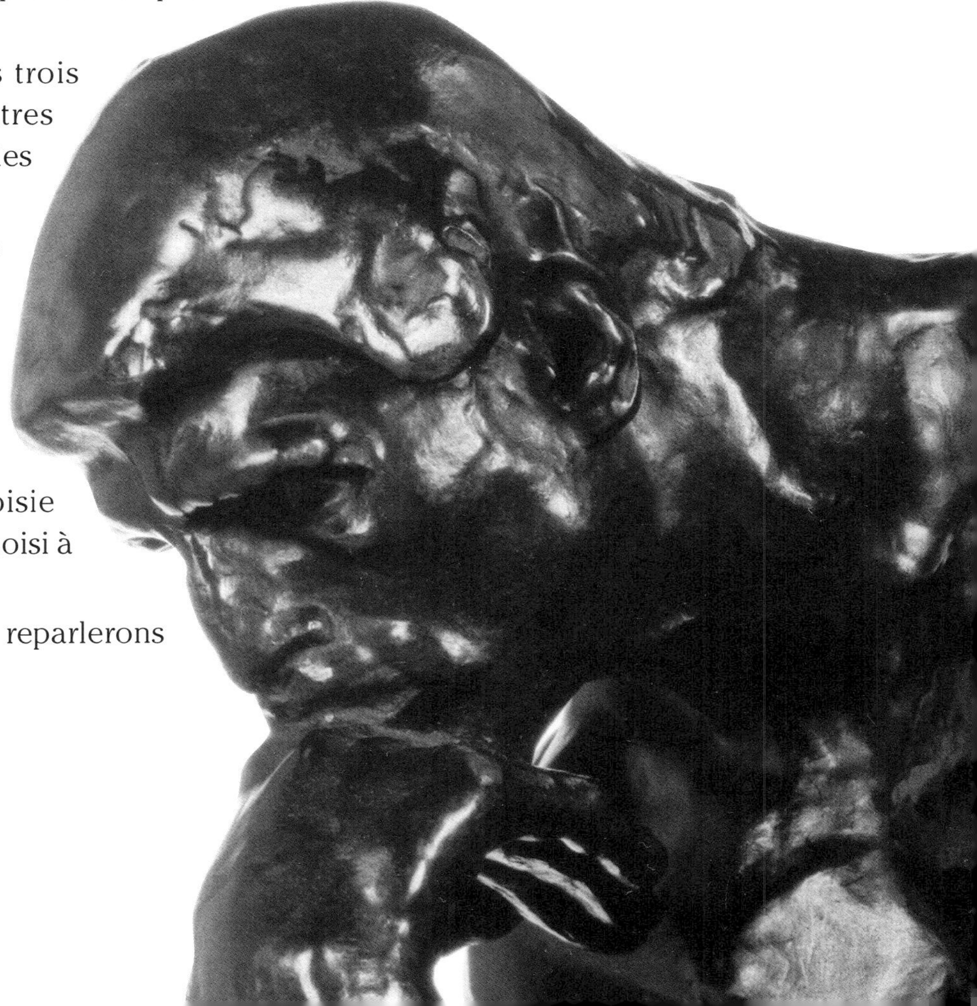

Le Penseur (détail)

Le Penseur

Éd. ARTCO-France n°7/25
71,9 x 45 x 36 cm
Cachet Airaindor

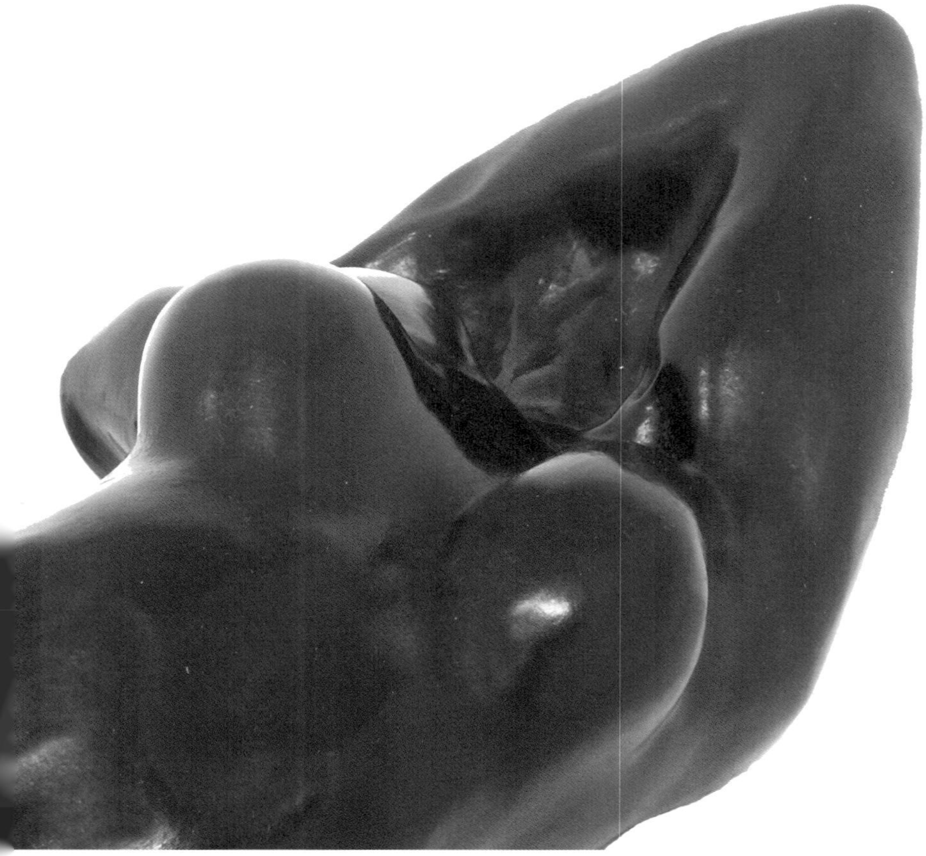

Le Torse d'Adèle (détail)

Le Torse d'Adèle

La cambrure du torse, l'amputation des membres mettent délicieusement en valeur la volupté des formes.

Adèle est Adèle Abruzzesi, l'un des modèles favoris de Rodin.

On retrouvera ce torse si sensuel dans l'*Éternel Printemps*.

LE TORSE D'ADÈLE

Bronze à la cire perdue, tiré à partir d'un plâtre de fonderie conforme au plâtre original – Ed. ARTCO-France n°2/25, cachet Reproduction conformément au décret du 3 Mars 1981 – 13 x 45 x 21 cm (hors base en chêne) – Cachet Airaindor.

La Toilette de Vénus

Également dénommée « La Faunesse à Genoux ».

De cette sculpture, extraite de La Porte de l'Enfer (dans le tympan, à droite du Penseur), il émane une grâce exceptionnelle. Érotisme et ingénuité sont ici à fleur de peau. Le modelé est doux mais puissant.

Un exemplaire se trouve au Musée Rodin, un autre à Meudon.

La Toilette de Vénus (Détail)

La Toilette de Vénus

Bronze à la cire perdue, tiré à partir d'un plâtre de fonderie conforme au plâtre original. Ed. ARTCO-France n° 5/25, cachet Reproduction conformément au décret du 3 Mars 1981 - 47 x 21 x 21 cm - Cachet Airaindor.

Les trois faunesses

Ce tirage a été réalisé à partir du plâtre d'une sculpture intitulée *La Petite Faunesse.*

Cette sculpture, réalisée en 1882, est l'une des œuvres de prédilection de Rodin, qui en plaça 4 identiques dans *La Porte de l'Enfer*. En dépit de sa petite taille, c'est l'une des figures les plus provocantes de la Porte ; cambrée de manière à faire saillir fesses et seins, il s'en dégage une grande sensualité.

L'assemblage de 3 exemplaires identiques liés par une ronde magique reflète l'érotisme païen dont l'œuvre de Rodin est imprégnée. Le plâtre qui date de 1882 est au Musée Rodin à Paris.

LES TROIS FAUNESSES

Bronze à la cire perdue, tiré à partir d'un plâtre de fonderie conforme au plâtre original – Ed. ARTCO-France n°3/25, cachet Reproduction conformément au décret du 3 Mars 1981 – 16 x 28 x 18 cm (hors base en marbre) – Cachet Airaindo.

Monument des Bourgeois de Calais
Auguste Rodin.
Bronze, 231 x 245 x 103 cm.
Musée Rodin, Paris,
N° d'inventaire S 450.

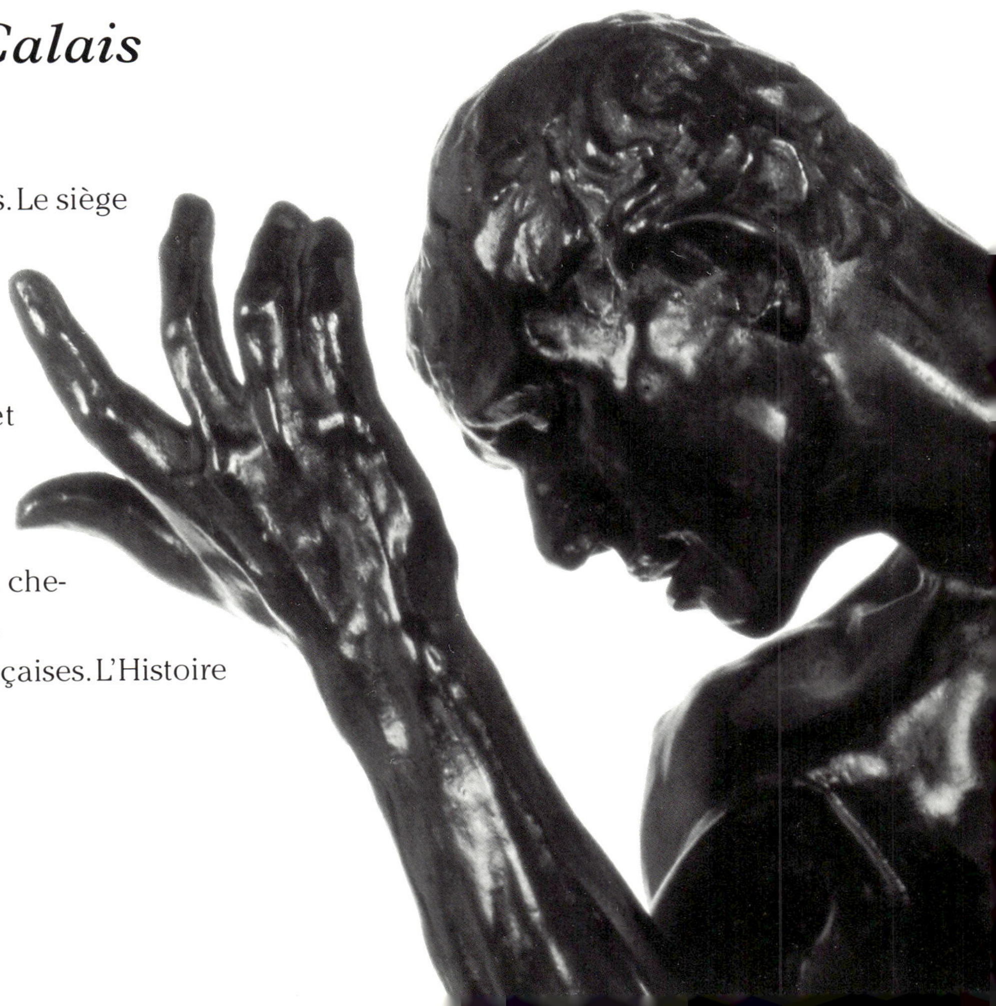

Pierre de Wiessant.
Détail.

5 - *Les Bourgeois de Calais* (1884)

En 1347, Calais est assiégé par les Anglais. Le siège dure depuis un an, Philippe VI est Roi de France, Edouard III est Roi d'Angleterre.

Edouard III, excédé par ce siège long et meurtier, menace de raser la ville et d'exterminer tous ses habitants. Sauf, sauf si les six principaux notables de la ville se livrent à l'occupant en apportant les clés de la ville. Ils devront être en chemise, tête et pieds nus et la corde au cou.

1347-1870 : Deux terribles défaites françaises. L'Histoire se répète.

Les Bourgeois de Calais
Bronze, 1926 -
© *Corbis*.

12 Bourgeois de Calais

Douze exemplaires ont été réalisés à ce jour, fondus entre 1895 et 1996.

Un se trouve à Calais (1895).

Un se trouve à Copenhague (1900-1903).

Un se trouve en Belgique, Parc de Mariemont à Morlanwelz (1905)

Un se trouve à Londres (1905-1908).

Un se trouve à Philadelphie (1925).

Un se trouve à Paris, Musée Rodin (1926, 1955).

Un se trouve à Bâle (1942-1948).

Un se trouve à Washington (1943-1953).

Un se trouve à Tokyo (1953-1959).

Un se trouve à Pasadena (1968-1969).

Un se trouve à New York, Musée d'Art Moderne (1985-1993).

Un se trouve à Séoul (1996).

En 1884, le maire de Calais, Mr Dewavrin, demande à Rodin de commémorer cet événement historique. Les noms de ces six héros sont arrivés jusqu'à nous : Eustache de Saint Pierre, Jean d'Aire, Jacques de Wiessant, Pierre de Wiessant, Jean de Frennes, Andrieu Andrès

Rodin décide de les représenter sur la route allant de Calais au camp anglais.

Cette œuvre est sans équivalent, d'abord parce que ses héros sont des hommes vaincus et non des conquérants triomphants, ce qui est rarissime.

Ensuite parce qu'elle est dédiée à six héros et non à un seul, d'où cette structure cubique et non pyramidale. Pour apprécier cette sculpture, il vous faudra tourner autour, chaque bourgeois vous racontera son histoire.

Onze ans seront nécessaires à sa réalisation. Le premier *Bourgeois de Calais* sera érigé à Calais en 1895. Dimensions : H = 220 cm, L = 266 cm, P = 211 cm.

Pierre de Wiessant

Éd. ARTCO-France n°1/25
Dim. : 45 x 17 x 17 cm -
Cachet Airaindor.

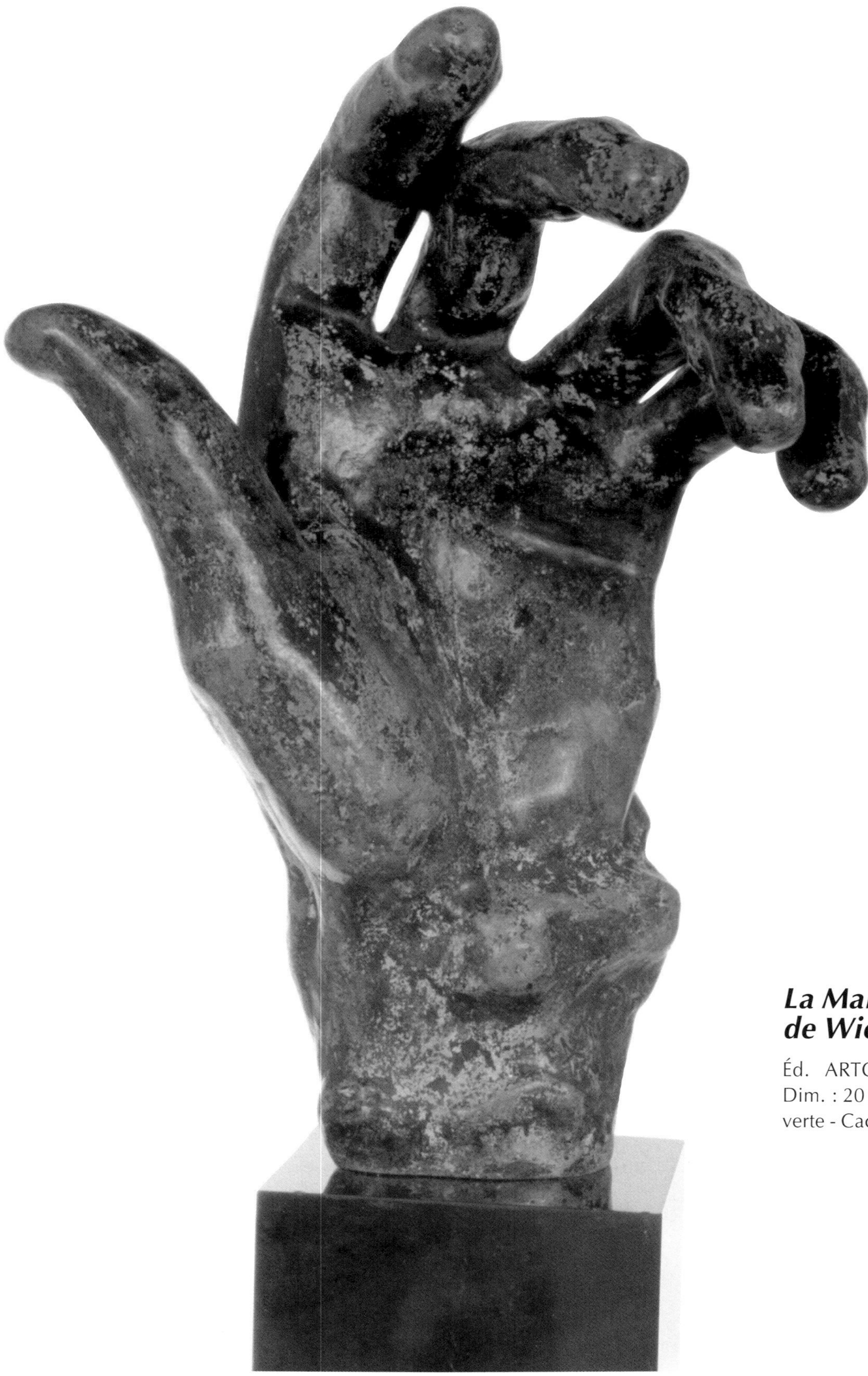

La Main de Pierre de Wiessant

Éd. ARTCO-France n°1/25 - Dim. : 20 x 20 x 12 cm - Patine verte - Cachet Airaindor.

Rodin Gallery at NY Carlsberg Glyptek - © Corbis

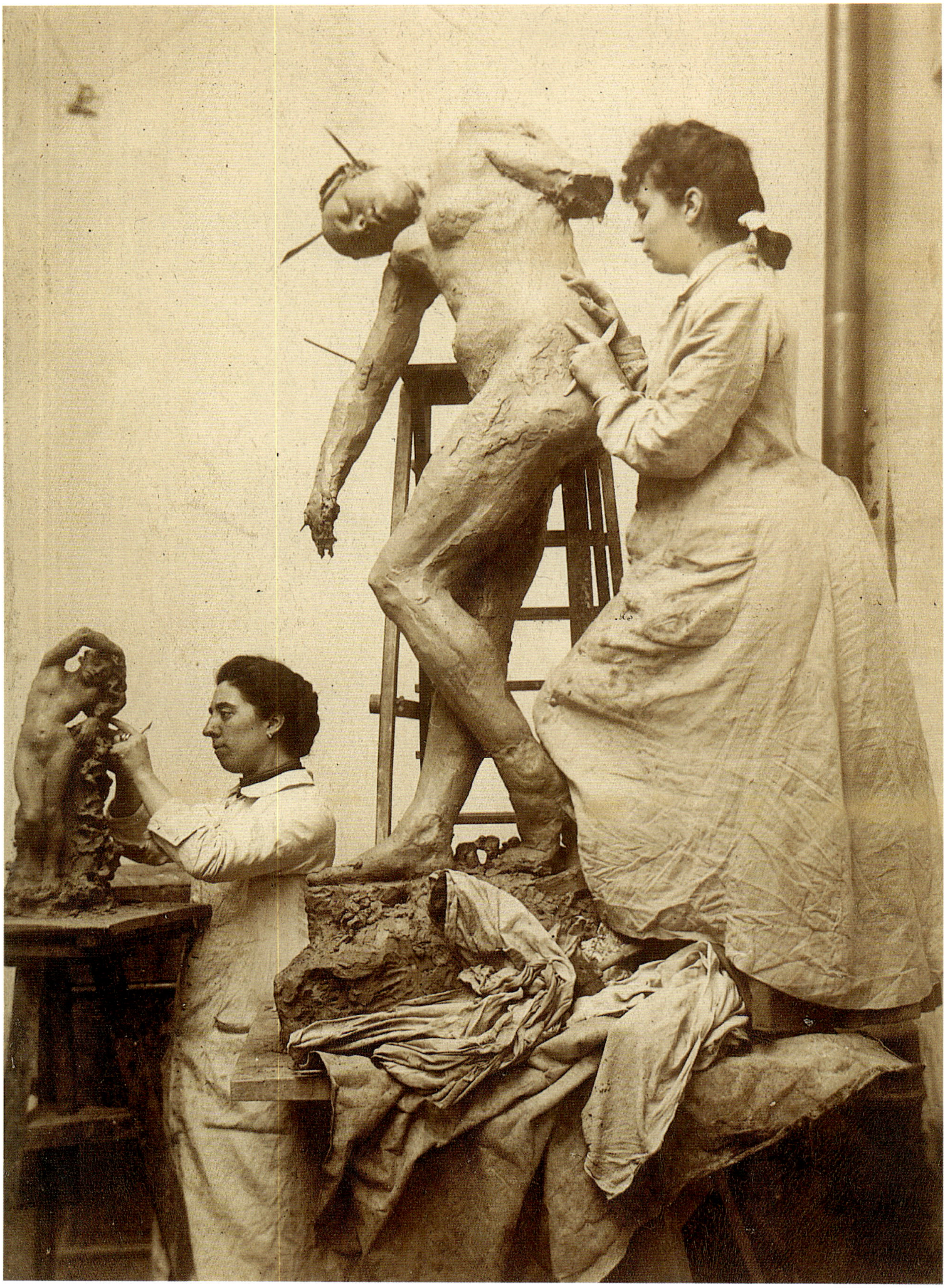

6 - Camille Claudel (1883 ou 1884)

« *Camille Claudel – Rodin : le temps remettra tout en place* » (Antoinette Le Normand-Romain, conservateur général du Musée Rodin)

1883 ? 1884 ? Personne n'est certain de la date exacte de la rencontre de Camille Claudel avec Rodin. Née en 1864, elle a donc dix-neuf ou vingt ans à cette époque, Rodin en a alors plus de quarante. Elle est la sœur aînée de Paul Claudel, l'écrivain. Une passion dévorante naît entre ces deux artistes d'élite. Camille sera tour à tour l'élève, l'assistante, la maîtresse de Rodin.

Innombrables furent les maîtresses de Rodin (aristocrates, modèles...), fascinées par le sculpteur, mais seule Camille Claudel occupa une place décisive dans sa vie comme dans son œuvre.

Camille Claudel/Rodin, ce sont deux individualités, deux talents qui parfois se réunissent mais toujours conservent leur autonomie.

Au dépôt des marbres, Camille travaille au modelage des mains et des pieds de certaines des compositions de Rodin, preuve de la confiance absolue qu'il a en elle.

Camille, lorsqu'elle rencontre Rodin, vit dans un appartement d'artistes avec notamment sa grande amie anglaise, Jessie Lipscomb-Elborne à qui Rodin écrira un jour en parlant de Camille : « cette chère tête têtue qui nous dirige ».

En lisant les mémoires de Jessie, on découvre avec stupeur que Rodin et Camille auraient eu deux enfants, non reconnus – comme Auguste – par Rodin et que Camille aurait subi plusieurs avortements.

De l'atelier situé au 117 de la rue Notre-Dame des Champs, son premier atelier, Camille déménage pour La Folie Neubourg, au 68 du boulevard d'Italie où vécurent Georges Sand et Musset. Là Rodin et elle vivent leur liaison clandestine et travaillent. Dans cette grande bâtisse à colonnes, les œuvres des deux artistes s'emmêlent et s'entassent.

La vie de Camille Claudel sera liée à celle de Rodin pendant dix ans : de la fin des *Bourgeois de Calais* au début de l'affaire *Balzac*.

Portrait de Camille Claudel
César - Papier albuminé,
12,9 x 9,9 cm.
Musée Rodin, Paris, N° d'inventaire Ph 1029.

Camille Claudel travaillant à Sacountala dans l'atelier
William Elborne -
Épreuve gélatinoargentique 15,2 x 9,8 cm.
Musée Rodin, Paris, N° d'inventaire Ph 1773.

Parmi les œuvres de Camille Claudel, citons : *la Valse*, éditée en bronze par son marchand Eugène Blot.

Sacountala : légende hindoue- une jeune ermite, vivant seule dans les bois, donne naissance à un enfant du Roi, au fin fond de la forêt.

L'Âge Mûr : représentant un homme écartelé entre une vieille femme et une superbe jeune fille nue, qui l'implore.

La figure isolée de l'*Implorante* est l'image de Camille au moment de sa rupture définitive avec Rodin.

À propos de cette sculpture, Paul Claudel s'écria : *« Cette jeune fille nue, c'est ma sœur ! Ma sœur Camille ! Implorante. Humiliée. À genoux et nue ! »*

Rodin règne en maître dans cette vie triangulaire. Il emmène Camille en société tandis que Rose vit en marge.

Rose que Rilke décrira comme peu avenante : *« des cheveux gris, bouclés, des yeux sombres, enfoncés, elle paraît lasse, négligée, tourmentée par on ne sait quoi. »* Rodin l'épousera tout de même après cinquante-trois ans de vie commune.

Les scènes entre les « deux femmes de Rodin » se multiplient. De plus, nombreuses sont celles qui continuent de passer, de devenir ses maîtresses d'un soir après avoir été ses modèles. Camille en a assez.

La Valse (circa 1895)

Dim. : 43,7x37x17,5 cm
Épreuve n°1/8 signée
Cachet Coubertin

En 1895, Rodin et Camille se séparent. Celle qui fut modèle, collaboratrice, inspiratrice du *Baiser* déménage d'abord au 113 du boulevard d'Italie où son style s'affirme dans des œuvres comme : *La Vague*, *Les Causeuses*...

Elle s'installe ensuite dans l'Île Saint-Louis, 19 Quai Bourbon, où elle restera pendant quatorze ans, jusqu'à son internement.

Tandis que Rodin continue de vivre sa vie tumultueuse, Camille s'enfonce dans la solitude, la rancœur et bientôt la misère.

Il va vers la gloire, elle va vers la nuit. Obsessions, angoisses se muent en psychose avec un délire de persécution entièrement centré sur Rodin qui l'aurait pillée. Camille parle de ses ennemis, « La bande à Rodin ».

Régulièrement, chaque été, Camille détruit les plâtres qu'elle a sculptés durant l'année ; ils sont emmenés à la décharge par un charretier.

Camille est rejetée par sa famille : mère et sœur, ne lui ont pas pardonné sa liaison avec Rodin et lui vouent une véritable haine. Son frère, son cher frère, celui qu'elle adorait, qu'elle appellera toujours « Mon Petit Paul », pense essentiellement à sa réussite en tant que diplomate et en tant qu'écrivain. Camille, l'excentrique Camille, dérange. Seul, Louis Prosper, son père, s'occupe encore d'elle.

Paul Claudel déteste et Rodin et son œuvre, *« un démon qui flaire la merde avec un nez de cochon »*, *« Rodin, le plus lourd et le plus matériel des sculpteurs »*, seront quelques uns des qualificatifs de Paul Claudel, que l'histoire a retenu.

Paul Claudel à 37 ans (1905)

Dim. : 40x30x26 cm
Épreuve n°2/8 signée
Collection Serge Gérard
Cachet Delval

En 1913, Louis Prosper, le père de Camille, meurt. Paul fait interner sa sœur une semaine plus tard à Ville Evrard d'abord, puis à Montdevergues près d'Avignon. Camille restera trente ans en asile psychiatrique.

Rodin essaiera une fois de lui rendre visite, en vain.

Ni sa mère ni sa sœur ne viendront la voir durant ces trente années d'enfermement ! L'asile propose sa sortie en milieu familial. Sa mère refuse catégoriquement : *« elle a tous les vices, elle nous a fait trop de mal... »*

Seuls Jessie et son mari lui rendront visite, affirmant que Camille n'est pas folle... Ce que semble confirmer sa correspondance. *« Triste surprise pour une artiste, au lieu d'une récompense, voilà ce qui m'est arrivé »*.

Dix ans avec Rodin, vingt ans de solitude, trente ans en asile psychiatrique, voici la terrible vie de Camille Claudel dont Philippe Sollers écrit dans *« La Main de Dieu »* :

« On découvre une sculpteuse exceptionnelle dans cette jeune femme écrasée par sa famille, son frère, son amant.

« *Amer, amer regret de l'avoir si longtemps abandonné* » écrira Paul Claudel.

Camille sera enterrée dans le carré du cimetière de Montdevergues réservé aux malades mentaux. Quand sa famille voulut lui consacrer une sépulture plus digne, il fut impossible de retrouver sa tombe.

En 1914, Rodin décide qu'une salle de son musée sera consacrée à l'œuvre de Camille Claudel. Cette salle, située au 2e étage du Musée, existe toujours. S'y trouve notamment ***L'Âge Mûr***, la plus grande œuvre de Camille dont il n'existe que 3 exemplaires dans le monde..

De nos jours, Reine Marie Paris, la petite fille de Paul Claudel (donc la nièce de Camille)) a décidé de consacrer sa vie à l'œuvre de sa grand tante dont elle est devenue l'expert.

En 1990, Reine Marie Paris publie le premier catalogue raisonné de Camille Claudel qui sera réédité après avoir été élargi en 2000. Elle se consacre à la création du futur musée Camille Claudel dans la maison familiale de Nogent sur Seine (dans l'Aube) qui, nous l'espérons, ouvrira ses portes en 2005.

Créé en 1886, ***Le Baiser*** sera d'abord un marbre. Camille en fut sans aucun doute l'égérie. Merveilleuse représentation de l'amour, ***Le Baiser*** est aujourd'hui célèbre dans le monde entier.

Mais laissons parler Gustave Geffroy :

> « *La tête de l'homme est penchée, celle de la femme est levée, et les deux bouches se rencontrent en un baiser où se scelle l'union intime de deux êtres. Par une extraordinaire magie d'art, il est visible, non seulement à l'expression des visages recueillis, mais encore à tout le frisson identique qui parcourt ces deux corps de la nuque aux talons, dans chaque fibre de ce dos d'homme qui se creuse, se redresse, s'immobilise, où tout aime, os, muscles, nerfs, chairs, dans cette jambe qui semble se tordre lentement, pour aller frôler la jambe de l'amoureuse, dans ces pieds de la femme à peine posés sur le sol, soulevés avec tout l'être dans un envolement fait d'ardeur et de grâce.* »

Constantin Brancusi (1876-1957) refusa d'entrer comme assistant dans l'atelier de Rodin, déclarant : « *Rien ne pousse sous les grands chênes* ». Camille Claudel a fait mentir Brancusi… Mais à quel prix ?

Le Baiser, 190 cm.
© Corbis

Autres sculptures dédiées à l'Amour :
L'Éternel Printemps,
L'Éternelle Idole,
Paolo et Fransesca,
Fugit Amor,
Je suis Belle.

L'Éternel Printemps

L'origine de cette merveilleuse sculpture reste quelque peu mystérieuse.

En 1889, Rodin offre un moulage en plâtre de *l'Eternel Printemps* à l'un de ses amis, officier en retraite : Edmond Bigoud-Kaire.

Variation sur le thème du *Baiser*, ce groupe est empli de volupté, de grâce et de joie, sans connotation de tristesse, sans la présence, fréquente chez Rodin, de l'angoisse et de la mort.

Cette œuvre sera reproduite en bronze en 5 dimensions : 64 cm, 52 cm, 40 cm, 24 cm, 23 cm.

L'ÉTERNEL PRINTEMPS

Bronze à la cire perdue, tiré à partir d'un plâtre de fonderie conforme au plâtre original. Ed. ARTCO-France n°5/25 - Dim. 67 x 86 x 43 cm - Cachet Airaindor.

L'Éternel Printemps
(Détail)

7 - La statue de Balzac : une seconde affaire Dreyfus

Balzac est né en 1799, il est décédé à 51 ans, en 1850.

Alexandre Dumas père, peu après la mort de Balzac, lance une souscription pour que soit élevé un monument au grand écrivain. Ce projet, avorté, est relancé en 1885. Enfin, en 1888 est créée la Commission de la statue de Balzac. Une souscription est lancée. Le choix du sculpteur est mis aux voix. Sont en lice : Rodin, Dalou et Henri Chapu.

Voici le résultat du vote : Dalou : 2 voix ; Rodin : 2 voix ; Henri Chapu : 17 voix.

La cause est entendue, Henri Chapu réalisera la statue de l'auteur de la Comédie Humaine... Sauf que Chapu meurt d'une congestion pulmonaire le 21 Avril 1891. Le 6 Juillet, grâce notamment à l'appui d'Émile Zola, le travail est confié à Rodin. Il doit livrer son œuvre (haute de 3 mètres) en 1893.

En 1893, Rodin n'en est qu'au stade du projet, mais ce projet déplaît déjà souverainement à la Société des Gens de Lettres qui parle de : « *Une masse informe* », « *Un monstre obèse* », « *Un colossal fœtus* »...

Le *Balzac* de Rodin se retrouve au centre d'une polémique qui éclate un mois avant la condamnation de Dreyfus... Et Rodin, curieusement, a les mêmes défenseurs que Dreyfus : Zola, Clemenceau... Outre cette cabale, le travail n'avance pas ou plutôt, Rodin multiplie les études, les bustes, les plâtres : *Balzac nu, Étude de nu au gros ventre*...

Le plâtre du Balzac est enfin présenté au salon de 1898. On parle de la « monstruosité », de la « fumisterie sans nom », de « l'incroyable degré d'aberration mentale auquel nous sommes arrivés à la fin de ce siècle ».

Le Balzac de Rodin est qualifié de « colossal guignol », de « statue encore emballée », de « bonhomme de neige »... Les critiques, les insultes, les pétitions fusent.

14 Balzac

Après de nombreuses recherches, nous avons dénombré 14 Balzac et non 13 comme nous l'avions indiqué dans la première édition de cet ouvrage.... 14 *Balzac* (1ère édition) dans le monde.

Sachez que, si le plâtre mesure 277 cm, les bronzes mesurent eux, 270 cm, la base mesurant 116,2 cm X 125,5 cm.

Un est en Belgique à Anvers (1931).

Deux sont à Paris :

L'un est au musée Rodin (1936),

l'autre, Boulevard Raspail. Le 1er juillet 1939, le Balzac commandé par la commission Balzac en 1891, est érigé à Paris Boulevard Raspail. Entre la commande et l'inauguration, il se sera écoulé 48 ans et Rodin est décédé depuis vingt-deux ans.

Quatre sont aux Etats-Unis : New-York (1954), Washington (1966), Pasadena (1966), Los Angeles (1967).

Un est à Eindhoven en Hollande (1965).

Un est à Melbourne en Australie (1967)

Un est au Japon : Hakone (1970)

Un est à Caracas au Venezuela (1970)

Un est à Prague en République Tchèque : après accord du Musée Rodin, un bronze a été réalisé pour la ville de Prague en 1968. Il a été livré en 1970.

Un est en Grande-Bretagne (1971)

Enfin, le 14ème, fondu en 1971 chez Rudier, a été vendu aux enchères 3 100 000 Dollars hors frais, chez Sotheby's New-York le 13 mai 1998.

Ces quatorze pièces ont été fondues entre 1931 et 1971.

◄

Buste de Balzac à la Fonderie Valsuani-Airaindor.

Silhouette de Balzac
à Washington
© *Corbis*

La Société des gens de Lettres ayant refusé le *Balzac*, qu'ils jugent « inachevé » les amis de Rodin (dont l'écrivain Mirbeau), lancent une souscription et réunissent les 30 000F nécessaires à la fonte du bronze.

Mais Rodin refuse cette offre, indiquant « J'ai le désir formel de rester seul possesseur de mon œuvre » ; il rembourse les souscripteurs et installe son *Balzac* en plâtre à Meudon dans la Villa des Brillants. Le plâtre sera exposé au Musée Rodin dès son ouverture en 1916.

Il ne sera coulé en bronze qu'en 1936 et il faudra attendre 1939 pour qu'il soit érigé à Paris, au carrefour du Boulevard Raspail et du boulevard Montparnasse, à la veille de la seconde guerre mondiale.

De cette statue Rilke, poète et secrétaire de Rodin écrira :

« C'était la création elle-même qui se servait de la forme de Balzac pour apparaître ; l'orgueil de la création, sa fierté, son vertige, son ivresse. »

Plâtre de Balzac
à la Fonderie
Valsuani-Airaindor.

Désormais, et pour l'éternité, le *Balzac* de Rodin fait partie de l'histoire de l'humanité. Parce que c'était Balzac, parce que c'était Rodin, cette forme débordante de vie, ce visage rayonnant de force, de pensées, d'intelligence, de rêves incompris nous attend pour toujours Boulevard Raspail à Paris.

Figure allégorique de la puissance de création, Rodin disait de son *Balzac* : « la statue de *Balza*c est le développement logique de ma vie d'artiste. »

En passant devant ce colosse débonnaire on ne peut que penser au *Cousin Pons*, à *la Cousine Bette*, au *Père Goriot*, à *Eugénie Grandet*, au *Colonel Chabert*, à *Vautrin*...

1993... Tant d'eau a coulé sous les ponts – le pont de l'Alma et les autres – l'affaire du Balzac fait partie de l'histoire.

1993. La Fonderie Valsuani est propriétaire d'un plâtre de la statue de Balzac et en réalise un bronze. Ce bronze, coulé en une seule pièce grâce à la technique de la fonte sous vide, accueille toujours de nos jours les visiteurs de la Fonderie. Fantastique Maître Modèle !

Dans le cadre de son programme d'édition, ARTCO-France a acquis le droit de rééditer ce Balzac Monumental à 25 exemplaires numérotés.

À propos du Balzac, l'œuvre la plus intellectuelle de Rodin, voir également en annexe page 105.

Rodin et « la vraie » Affaire Dreyfus

Au cours de sa vie, Rodin côtoiera 2 évènements politiques majeurs : la guerre de 70 qui le pousse à s'exiler en Belgique et l'affaire Dreyfus. Cette affaire, qui s'étend de 1894 (condamnation de Dreyfus) à 1906 (sa réhabilitation) fut le grand combat de son ami et allié Emile Zola qui publie dans l'Aurore en Janvier 1898 son célèbre « J'ACCUSE ».

Alors ? Ingrat Rodin, qui ne fait pas le moindre geste pour aider ses amis dreyfusards – Zola en tête – qui s'étaient tant battus pour son *Balzac* ? Sans doute le pensèrent-ils car au décès de Zola, en 1902, le monument à la gloire du grand écrivain fut confié à Constantin Meunier et non à Rodin.

Mais le monde de Zola, celui des « intellectuels », était-il celui de Rodin ? Aurait-il pu y avoir sa place ? Sans doute préféra-t-il prudemment établir une barrière entre la politique et son art...

Monument à Balzac.
Auguste Rodin
Bronze 270 x 120,5 cm
Musée Rodin, Paris, N° d'inventaire S. 1296.
© Corbis

La Tête de Balzac – Détail

La Tête de Balzac

Éd. ARTCO-France n°2/25
– Dim. (hors base) :
18 x 20 x 16 cm –
Cachet Airaindor.

8 - La Villa des Brillants

Rodin loue, en 1893, puis achète en 1895 la Villa des Brillants à Meudon, où il restera jusqu'à la fin de sa vie, y regroupant son habitation, sa galerie d'art et son atelier.

C'est une petite maison de briques et de pierres style Louis XIII.

Bien vite, Meudon devient une ruche où se retrouve un monde cosmopolite : amis, artistes, personnalités, membres de la haute société... Rodin y recevra le Roi d'Angleterre, Edouard VII, le 6 mars 1908. La même année, le Prince Eugène de Suède commande à Rodin un *Penseur Monumental* qui sera placé dans le Parc de son Château.

Bien entendu, ses collaborateurs fréquentent assidûment la Villa.

Deux d'entre eux furent des amis et des collaborateurs dont le travail sera essentiel pour que Rodin puisse réaliser son oeuvre.

Le premier est **Henri Lebossé**. Son atelier se trouvait au 26 de la rue du Chemin Vert à Paris. Il finira par ne travailler qu'exclusivement pour Rodin.

Réducteur, mais surtout agrandisseur, Lebossé réalisait le transfert de points choisis depuis un petit plâtre jusqu'à une épreuve plus grande en terre crue ou en plâtre mou à l'aide d'un pantographe.

L'histoire garde de Lebossé l'image d'un Gargantua, dévorant avant de se mettre au travail une omelette de dix à quinze œufs, quatre ou cinq biftecks, le tout bien arrosé.

Le deuxième, **Jean Limet**, est le père de la patine moderne. Ses techniques de patinage seront transmises à ses disciples sous le sceau du secret et arriveront jusque chez Valsuani Airaindor : subtile alchimie à base de White Spirit, d'Arsenic, d'acides divers, de cuivre - sous la chaleur d'une lampe à souder.

Ami fidèle de Rodin, il réussira à le convaincre d'écarter l'intrigante duchesse de Choiseul.

Mais Rodin est déprimé, en mauvaise santé. Parfois capricieux, il n'hésite pas à licencier pour la moindre peccadille praticiens et collaborateurs, quitte à les reprendre discrètement quelques mois plus tard...

Les contemporains de Rodin décriront son atelier de Meudon. C'est un incroyable bric à brac. Se mêlent plâtres refusés, projets, plâtres en cours de réalisation, abattis, fragments....

En 1880, peu avant de recevoir la commande de la *Porte de l'Enfer*, Rodin travaillait déjà sur 2 sculptures : *Adam et Ève*.

À l'exposition de 1900, seront présentées : une grande *Ève* en plâtre terminée en 1881 (1,73 m.) et une petite en marbre terminée en 1883 (75,5 cm).

Serge Gérard
au Musée Rodin

Iris, Messagère de Dieu

La *Petite Iris* couronne le second monument à Victor Hugo, réalisé en 1897. Elle est verticale et dotée d'une paire d'ailes. Il semble que cette figure ait été sculptée en 1894 à partir d'un modèle couché sur le dos.

En 1900, à l'exposition Rodin, dépouillée du visage et des ailes, elle trouve sa position définitive, à la verticale, comme en apesanteur ; d'où son nom : Iris, Messagère de Dieu.

Tel Courbet dans l'*Origine du Monde*, Rodin ose montrer ici un sexe féminin, plein de dynamisme et de puissance ; une image triomphante de la féminité.

Exposée pour la première fois à Munich en 1898, cette admirable Iris aura un succès immédiat : 8 bronzes avaient déjà été fondus en 1907.

IRIS MESSAGÈRE DE DIEU

Bronze à la cire perdue, tiré à partir d'un plâtre de fonderie conforme au plâtre original - Cachet Reproduction conformément au décret du 3 mars 1981 - Éd. ARTCO-France n°3/25 - 83 x 93 x 39 cm - Cachet Airaindor.

Ève

Bronze à la cire perdue, tiré à partir d'un plâtre de fonderie conforme au plâtre original – Cachet Reproduction conformément au décret du 3 mars 1981 – Éd. ARTCO-France n°5/25 – 76 x 30 x 24 cm – Cachet Airaindor.

Ève

Bronze à la cire perdue, tiré à partir d'un plâtre de fonderie conforme au plâtre original – Cachet Reproduction conformément au décret du 3 mars 1981 – Éd. ARTCO-France n°5/25 – 76 x 30 x 24 cm – Cachet Airaindor.

Ève (détail)

Le modèle, une Italienne, est une jeune femme, aux muscles pleins et élastiques, que Rodin surnommait la « Panthère ».

À plusieurs reprises, Rodin remarque que ses formes s'amplifient et il décide de modifier les volumes jusqu'à ce que la jeune fille lui avoue être enceinte. Quel hasard singulier, prémonitoire ! Ève, pécheresse, consciente de son péché, cache sa tête dans ses bras, le bassin élargi par la maternité.

La mère de l'humanité est ici immortalisée par le génial sculpteur.

> «*La statue d'Ève est un admirable frisson de chair, une magnifique expression de vie. La figure, debout, la tête à demi cachée par le bras, dans une attitude de silence et d'angoisse résignée, offre à l'étude la lettre du génie de Rodin. La vérité de la forme, obtenue par une synthèse qui l'ennoblit, l'expression révélée par un geste dont la convention répudie la simplicité, la construction, ces modelés, concourant à traduire le concept du Maître par son intégrale volonté, tout cela saute aux yeux de quiconque tourne autour de cette œuvre pleine de force et de beauté.*» (Roger Milès)

9 - Eugène Druet, l'ami, le photographe

En 1893, Eugène Druet (âgé de 26 ans) rachète un modeste café familial le « Yacht Club Français ». Ce café est situé au 3 place de l'Alma, à côté de l'atelier de Rodin. Rodin prend l'habitude d'y déjeuner chaque midi. Druet, dont la photographie est le violon d'Ingres, joue sur les éclairages, les temps de poses, il sera l'un des premiers à faire de la photographie un véritable art. Il devient le photographe attitré de Rodin qui à son tour se passionne pour la photo.

À partir de 1896, Rodin présentera également des photos avec ses sculptures.

C'est Druet qui réalisera la plus grande partie des photos de l'œuvre de Rodin que nous connaissons, les photos qui peuplent notre imagination, d'Eve, de Balzac, du Baiser sont presque toutes signées Druet... Mais bien sûr, on ne saurait passer sous silence les clichés de Pannelier, de Fuller et chacun a en mémoire l'onirique Balzac « Towards the light, Midnight » de Edward Steichen réalisé en 1908.

Ève
Musée des Beaux-Arts à Lyon.
© *Réunions de Musées Nationaux.*

Affiche de l'Exposition Rodin de1900.
© *Corbis.*

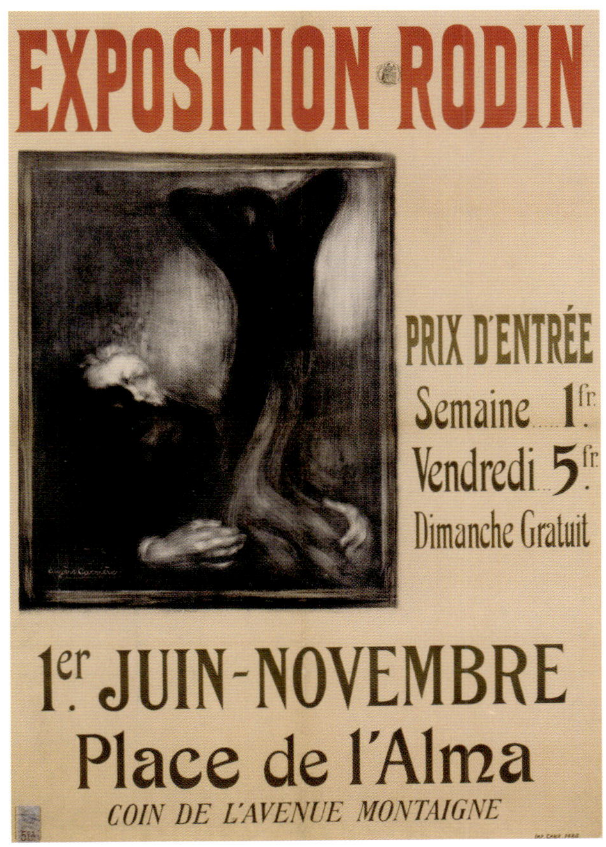

10 - L'Exposition de l'Alma (1900)

1900 : on change de siècle et l'Exposition Universelle ouvre ses portes à Paris. La guerre de 1870 est loin. Paris s'amuse.

Tout l'œuvre sculpté de Rodin (en dehors de quelques bustes) est regroupée dans une vaste orangerie en face du pont de l'Alma : 168 sculptures dont le plâtre (inachevé) de la monumentale *Porte de l'Enfer* ! Une formidable, fantastique exposition Rodin, pour Rodin seulement, en dehors de l'Exposition Universelle.

Pour Rodin, c'est la consécration, le couronnement de toute une vie.

Le monde entier salue Rodin comme le plus grand sculpteur de tous les temps...

Parmi les visiteurs célèbres, alors tout jeune homme, Gutzon Borglum, futur sculpteur des quatre gigantesques Présidents Américains taillés dans le Mont Rushmore aux Etats-Unis.

Le Pavillon de l'Alma est démonté en 1901 et remonté aussitôt à Meudondans le Parc de la Villa des Brillants.

À partir de cette date, le monde entier réclame Rodin. Chaque capitale culturelle rêve d'avoir son exposition Rodin : 1902, Prague ; 1903, l'Allemagne (Dresde, Dusseldorf, Weimar) ; 1908 : Vienne, Leipzig (dessins) ; 1910, New York ; 1811 Berlin ; 1912 Tokyo.

Plus que jamais, rien n'est plus à la mode que de se faire sculpter son buste par Rodin. Citons pour le début du XXe siècle : 1903, Eugène Guillaume et Georges Wyndman ; 1905, Gustave Geffroy ; 1906, Marcelin Berthelot ; 1907, Joseph Pulitzer, le père du journalisme ; 1909, Gustave Mahler, le célèbre compositeur et chef d'orchestre autrichien ; 1911, Georges Clémenceau ; 1915, Le Pape Benoît XV.

Le *Penseur* dans les Jardins du Musée Rodin. *© Corbis.*

Le Penseur au Panthéon. *© Corbis.*

11 - *Le Penseur Monumental* : « Cogito ergo sum », je pense donc je suis

L'exposition de l'Alma a consacré Rodin et son oeuvre. Rodin est un Dieu vivant, un des personnages qui incarne la France en Europe et dans le monde.

Rodin a 62 ans. Alors, il a l'idée qui va le rendre immortel. Il demande à Henri Lebossé d'agrandir son Penseur.

Il a compris : ce qui différencie l'Homme de toute autre forme de vie, c'est sa *Pensée*. Si Pascal nous rappelle que l'Homme, faible, mortel, était un roseau, il est le maître du monde parce qu'il est un *Roseau Pensant*.

Mais Rodin avec son Penseur va plus loin encore, bien plus loin : le plus grand sculpteur français illustre, immortalise dans le bronze la pensée du plus grand philosophe français René Descartes « Cogito ergo sum » : *Je pense donc je suis*. L'exemple et le modèle de toute vérité.

▲
Le Penseur dans les jardins de l'Hôtel Biron.
© *Corbis.*

Le Plâtre du Penseur Monumental dans les ateliers de la fonderie Valsuani-Airaindor.

En 1902, Rodin confie donc à Henri Lebossé la mission d'agrandir le Penseur de *La Porte de l'Enfer* à une dimension monumentale : 180 x 100 x 143 cm. La technique utilisée dérive de celle du pantographe. Un palpeur parcourt le modèle à agrandir, une masse molle est parcourue par l'autre extrémité coupante du pantographe. Le modèle se reproduit ainsi à l'échelle désirée. L'œuvre en terre molle obtenue est alors moulée en plâtre. Ce plâtre sera exposé à Londres pour la première fois en 1904 ; la même année, un bronze sera exposé à Paris.

De son Penseur Rodin dira :

« Il ne pense pas seulement avec son cerveau, ses narines dilatées et ses lèvres serrées mais avec chaque muscle de ses bras, de son dos, et de ses jambes, avec son poing crispé et ses orteils contractés. »

et aussi :

« Guidé par ma première inspiration, je conçus un autre penseur, un homme nu, accroupi sur un roc où ses pieds se crispent. Les poings aux dents, il songe. La pensée féconde s'élabore dans son cerveau. Ce n'est point un rêveur. C'est un créateur ».

Quant à Philippe Sollers dans « *La guerre du Goût* » il écrit :

« A quoi pense Le Penseur ? À ça. Que contemple enfermé en lui-même et rejeté en arrière le Balzac ? ça... »

Le 21 Avril 1906, le bronze du *Penseur* coulé en 1904 est érigé à Paris devant le Panthéon. Rodin considérera cet hommage comme le couronnement de sa carrière. Ce même *Penseur* sera transféré en 1919 au Musée Rodin lors de son ouverture.

1998... Plus de 70 ans ont passé...

La possibilité d'accéder à un plâtre en bon état, que le musée Rodin a reconnu comme authentique et le merveilleux savoir-faire de la fonderie Valsuani-Airaindor (capable de fondre un aussi grand bronze en un seul bloc) ont rendu possible la réédition de ce bronze monumental.

21 Penseurs

Au sujet de ce PENSEUR MONUMENTAl, rappelons qu'il mesure 180 cm de haut – le plâtre mesure lui 183 cm – et... qu'il y a 21 PENSEURS MONUMENTAUX (1ère édition) dans le monde.

Deux sont en France :

- celui du Musée Rodin (1904)
- celui placé sur la tombe de Rodin à Meudon (1916)

Un est en Belgique, au cimetière de Laeken.

Un est au Danemark, à la Carlsberg Glyptophek de Copenhague (1904)

Un est en Allemagne, au Kunsthalle Bielefield (1968)

Un est en Russie, au Pushkin Museum de Moscou

Un est en Suède, au Musée du Prince Eugène (1909)

Neuf sont aux Etats-Unis; signalons :

Celui de Détroit (1904) ; de San Francisco (1905) ; de Cleveland (1916) ; de New-York (1930) ; de Denver (1966) ; de Pasadena (1968) ; de Staford (1972)...

Le PENSEUR de Cleveland a été victime d'un attentat terroriste en 1970. Sa base est gravement endommagée.

Un est en Argentine, à Buenos Aires.

Quatre sont au Japon.

◂

Penseur Monumental

Dim. 180 x 97 x 140 cm

Cachet Valsuani.

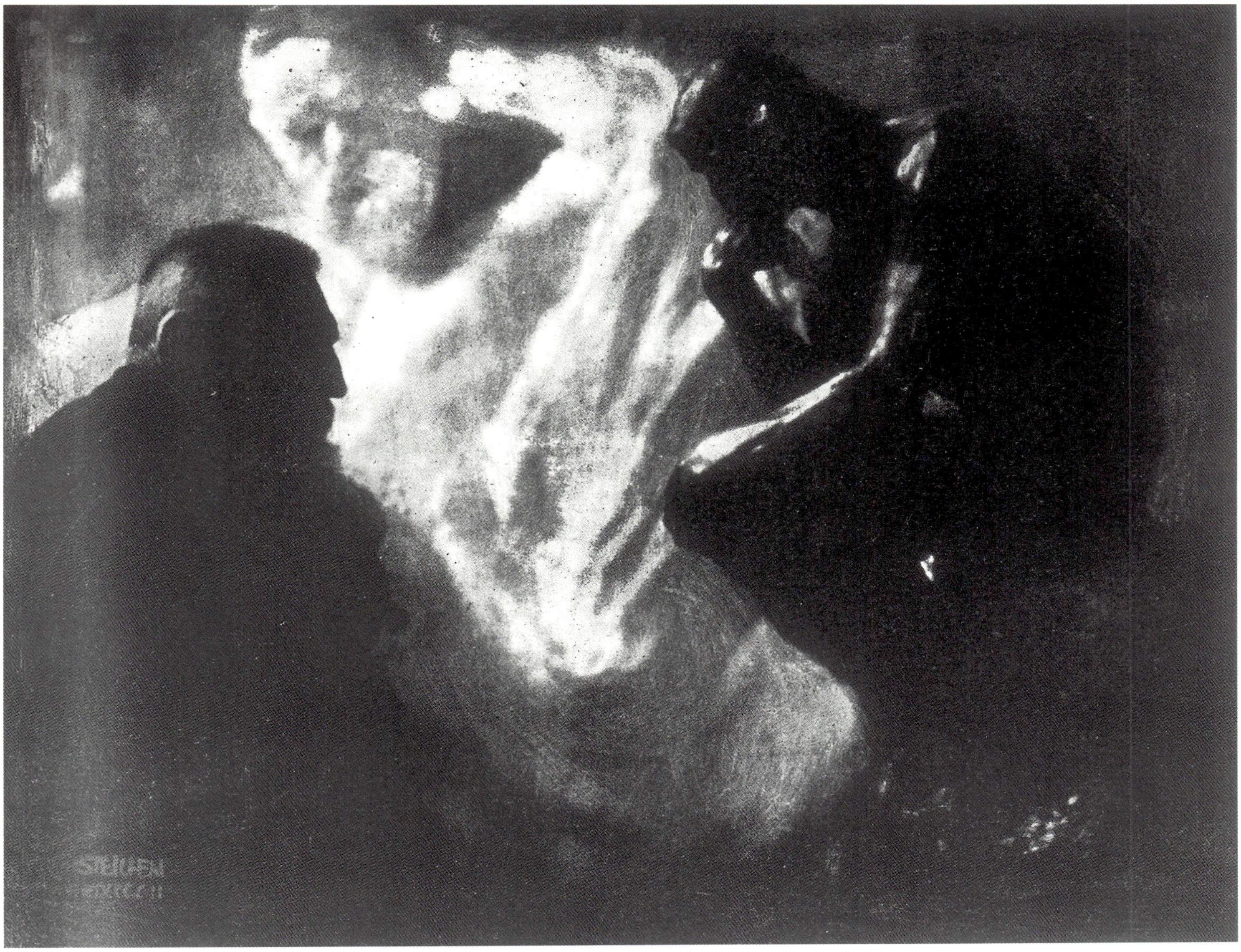

Il est décidé que la patine sera vert foncé, celle que Rodin réservait à ses bronzes d'extérieur. Il est décidé que cette réédition du Penseur sera limitée à 25 exemplaires numérotés de 1/25 à 25/25.

Initiée en 1998, cette réédition du *Penseur* faite en conformité avec le Décret du 3 Mars 1981 et avec l'approbation du musée Rodin est sans conteste (avec la réédition du *Balzac*) l'œuvre magistrale de cette Collection.

▲

Rodin, le Penseur et Victor Hugo.
© Bridgeman Giraudon.

◀

Grand Penseur.
Galerie Élégance à Taïpei (Taïwan)
n°25/25.

12 - L'Hôtel Biron

Bâti en 1730, l'Hôtel Biron, 77 rue de Varenne est une demeure de rêve... Elle séduit Rodin qui, grâce à son ami le poète Rilke, s'y installe en 1908. Il partage désormais sa vie entre la Villa des Brillants à Meudon et l'Hôtel Biron à Paris. Rose Beuret reste bien sûr à Meudon.

C'est à l'Hôtel Biron que Rodin tombe sous la coupe de son mauvais génie : la Duchesse de Choiseul qui, quatre ans durant, va mener Rodin « par le bout du nez », régnant sur l'Hôtel Biron. Ce cupide personnage ne reculera devant rien : vols d'œuvres d'art, tentatives de main mise sur les droits d'édition des sculptures, élimination systématique de l'entourage de Rodin, de tous ses proches. Envoûté par cette odieuse créature, Rodin ne voit plus Rose jusqu'en octobre 1912.

Rodin ne crée plus sinon en 1910 cette sculpture intitulée *La Cathédrale* où 2 mains droites s'unissent en une émouvante prière.

Enfin en 1913, Rodin, fatigué, inquiet à la suite d'une attaque d'hémiplégie, chasse la duchesse et retourne à Meudon après avoir envoyé ce petit billet à la fidèle Rose :

« *Ma Bonne Rose,*

Je t'envoie cette lettre comme une réflexion que je fais de la grandeur du cadeau que Dieu m'a fait en te mettant près de moi.

Mets ceci dans ton cœur généreux.

Je reviens mardi.

Ton ami

Auguste Rodin (24 Août 1913) »

En 1915, en pleine guerre, Rodin rend visite au Pape Benoît XV dont il réalise un buste.

Le Musée Rodin est créé par vote de l'Assemblée Nationale à l'Hôtel Biron. Il deviendra un musée ouvert au public en 1919.

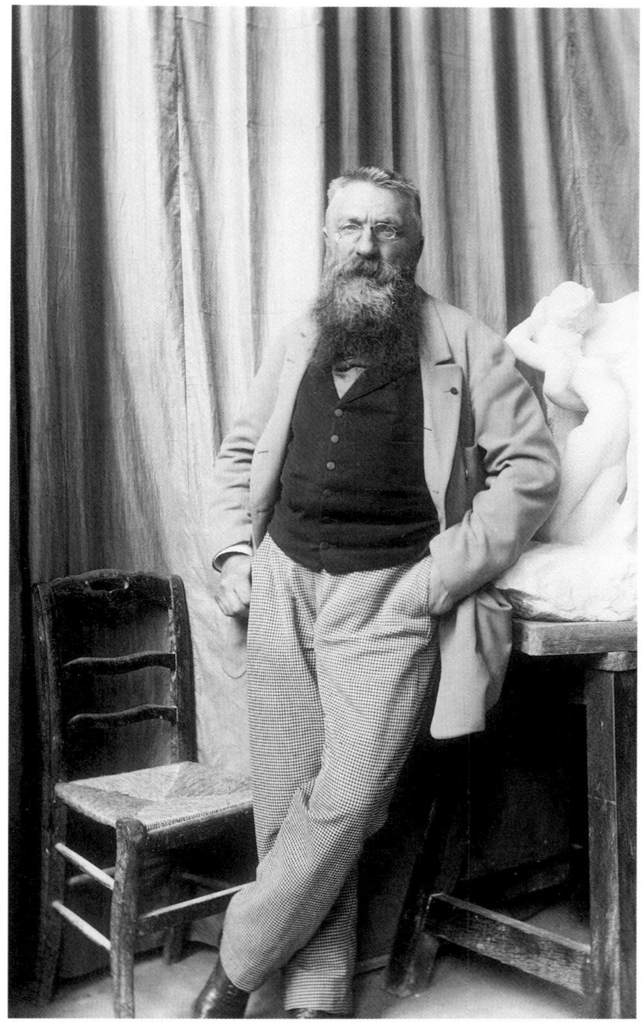

Rodin devant le plâtre de l'Éternel Printemps.
Photo Dornac,
© *Bridgeman Giraudon.*

La Cathédrale (1910).
© *Corbis.*

13 - Le Crépuscule

Rodin a son premier malaise cérébral en 1912. Tandis qu'à l'hôtel Biron Judith Cladel, ses fidèles amis Limet et Lebossé tentent de le protéger de toutes celles qui guignent le testament, Rodin, à Meudon a « des absences » dans sa Villa des Brillants

Il s'est décidé à faire venir auprès de Rose et lui leur fils, Auguste, relégué jusqu'alors sur les hauteurs de Saint Ouen. Il vient en compagnie de sa femme. Tous deux s'enivrent à longueur de journée.

Auguste Rodin et Rose Beuret sont à présent deux pauvres vieillards. Il est perdu, n'a plus sa tête... « vous êtes Dieu, mais vous ch... partout » dira son infirmière.

En Janvier, il fait un froid terrible, c'est la guerre, il n'y a pas de charbon, pas de chauffage. Les deux vieillards restent au lit du matin au soir pour avoir moins froid.

Le 1er avril 1916, Rodin signe en présence de Raymond Poincaré l'acte faisant don de ses œuvres et collections à l'État Français qui, au décès de Rodin, héritera également de l'Hôtel Biron où sera créé le Musée Rodin. L'État héritera aussi de la Villa des Brillants ou seront regroupés des trésors inestimables : de nombreux plâtres et d'innombrables « abattis ». Sous ce thème barbare se cachent les collections de pieds, jambes, mains, bras, têtes qui constituaient le matériel de travail de Rodin.

Parmi les œuvres de cette donation, le plâtre d'une adorable petite sculpture non datée : *La Main de Rodin tenant un torse féminin*.

Le 29 Janvier 1917 : Rose Beuret devient Madame Rodin, 53 ans après le début de leur vie commune. Mariage terrible auquel la mort est invitée : Rose a quinze jours à vivre, Rodin huit mois. À ce mariage Auguste Beuret, leur fils est présent.

Il se plaint d'être totalement oublié.

« Et moi ? » s'exclame-t-il, « donner des millions à l'État et leur fils n'a pas un pantalon ! ».

14 Février : Rose meurt dans son lit d'une broncho-pneumonie, deux semaines après son mariage.

18 Novembre : Le froid est revenu, Auguste Rodin s'éteint à 4h du matin. La France est en guerre, il ne peut y avoir de funérailles nationales. Seul un drapeau tricolore sera posé sur son cercueil.

Rodin sera inhumé à Meudon, dans la Villa des Brillants, auprès de Rose, à l'ombre du *Penseur*, le 24 Novembre 1917. Une foule considérable se presse dans la Villa des Brillants. En Angleterre, un service religieux a lieu le même jour à l'Abbaye de Westminster. Une couronne est déposée à Londres devant la sculpture des *Bourgeois de Calais*.

Rodin dans le Jardin de la Villa des Brillants.
Photo Dornac,

La Main de Rodin tenant un Torse Féminin

Ed . ARTCO-France – Dim. 24,5 x 25 x 12 cm (hors base en chêne) – Cachet Airaindor

14 - Éditions ARTCO-France

Tous les bronzes de Rodin édités par ARTCO-France ont été coulés dans la fonderie Valsuani-Airaindor à Chevreuse dont ils portent l'un des cachets Valsuani ou Airaindor.

La technique utilisée est celle de la cire perdue à partir d'un plâtre de fonderie conforme au plâtre original de Rodin. Ciselure et patine ont été réalisées sur place.

Sauf pour les tirages multiples du *Baiser* et de l'*Éternel Printemps*, les tirages ont été limités à 25 exemplaires numérotés de 1/25 à 25/25.

Ces éditions sont réalisées en conformité avec le décret du 3 mars 1981 (reproduit en annexe page 102).

Pour chaque bronze Maître Le Honsec Huissier de Justice à Rambouillet s'est rendu sur place à Chevreuse et à établi un constat officiel. Ce constat archivé chez ARTCO-France est à la disposition de toute personne qui en ferait la demande.

Enfin, chaque bronze est accompagné de son certificat d'authenticité dont les caractéristiques techniques ont été avalisées par Maître Le Honsec

La Main de Rodin tenant un Torse Féminin
(Détail)

Liste intégrale des rééditions réalisées à la date de sortie de ce livre. D'autres rééditions sont en projet.

1 - Bronzes monumentaux

M1 - *Le Penseur*, 180 x 97 x 140 cm, patine verte.

M2 - *Balzac*, 277 x 116 x125 cm, patine verte.

M3 - *L'Âge d'Airain*, 180 x 68 x 61 cm, patine noire.

2- Bronzes

B1 - *Le Penseur*, 72 x 45 x 36 cm.

B2 - *L'Âge d'Airain*, 102 x 37 x 36 cm.

B3 - *Iris Messagère de Dieu*, 83 x 83 x 37 cm (hors base en fer).

B4 - *Ève*, 76 x 30 x 24 cm.

B5 - *L'Éternel Printemps*, 67 x 86 x 43 cm.

3 - Petits formats

R1 - *Le Penseur*, 37 x 28 x 18 cm.

R2 - *L'Âge d'Airain*, 64 x 25 x 16 cm.

R3 - *Le Torse d'Adèle*, 13 x 45 x 21 cm (hors base en chêne).

R4 - *Les Trois Faunesses*, 16x28x18 cm (hors base en marbre).

R5 - *La Toilette de Vénus*, 47 x 21 x 21 cm.

R6 - *Le Lion « Garde bien »*, 29 x 33,5 x 15,5 cm.

R7 - *La Main de Rodin*, 24,5 x 15 x 12 cm (hors base en chêne).

R8 - *Tête de Balzac*, 18 x 20 x 16 cm (hors base en chêne).

R9 - *Pierre de Wissant*, 45 x 17 x 17 cm.

R10 - *La Main de Pierre de Wissant*, 28 x 20 x 12 cm (hors base en marbre).

R11 - *L'Éternel Printemps*, 40 x53 x 30 cm.

4 - Les multiples

75 exemplaires en patine noire nuancée de 1/75 À 75/75.

75 exemplaires en patine brune de I/LXXV à LXXV/LXXV.

E1 - *L'Éternel Printemps*, 23 x 30 x 19 cm.

E2 - *Le Baiser*, 24 x 14 x14 cm.

L'Éternel Printemps

Réduction
Éd. ARTCO-France n°7/75
– 23 x 30 x 19 cm – Cachet
Airaindor

Tableau synoptique des bronzes de Rodin

Titre	Année du Plâtre	Bronze monumental	Bronze	PT format	Multiple	Page
Adam (L'Ombre)	1880	192 cm	98 cm			41
L'Âge d'Airain	1876	180 cm	102 cm	64 cm		35 et suite
Le Baiser	1886	190 cm	71-73-86 cm	61 cm	38 et 24 cm	61, 98, 99
Balzac	1897	270 cm				64, 66, 67, 68, 72
Tête de Balzac	1897			19 cm		70, 71
Bourgeois de Calais	1884-1895	220 cm	47 cm			51, 52
Pierre de Wiessant	1884-1895			45 cm		53
Main de P. de Wiessant	1884-1895			28 cm		54
Éternel Printemps	1884		67 et 64 cm	52 et 40 cm	23 et 24 cm	62, 63, 97
Ève	1881	170 cm	76 cm			75, 76, 78
L'Homme qui marche	1877	225 cm	75 et 84 cm	53 cm		39
L'Homme au nez cassé	1864	24 cm				33
Iris, messagère de Dieu	1890		93 cm	46 cm	20 cm	74
Le Lion « Garde Bien »	1881			29 cm		38
La Main de Rodin tenant un buste de femme	?			25 cm		94
Le Penseur	1880	180 cm	72 cm	37 cm		45, 46, 47, 80 à 89
La Porte de l'Enfer	1880-1917	635 cm				40, 43, 44
Les Trois Faunesses	1882			16 cm		50
La Toilette de Vénus	1884			47 cm		49
Le Torse d'Adèle	1882			13 cm		48

Il nous a paru intéressant de dresser un tableau synoptique des Bronzes de Rodin cités dans cet ouvrage avec, sujet par sujet, les agrandissements et réductions tels que Rodin les réalisa.

Rappelons que pour chaque sujet et pour chaque dimension, le nombre d'épreuves réalisées est très variable, la loi fixant le tirage des bronzes « originaux » à 12 exemplaires ne datant que de 1981.

Les œuvres rééditées ont été surlignées en bleu.

Le Grand Penseur
En cours d'emballage dans les entrepôts d'ARTCO-France, ce *Grand Penseur* va partir pour une destination lointaine. L'adieu à un ami !!!

ANNEXE

Extrait du JOURNAL OFFICIEL du 20 Mars 1981

DÉCRET du 3 MARS 1981

DÉCRET a. 81-255 sur la répression des fraudes en matière de transactions d'œuvres d'art et d'objets de collection (J.O. 20 Mars 1981).

Art 1. - Les vendeurs habituels ou occasionnels d'oeuvres d'art ou d'objets de collection ou leurs mandataires, ainsi que les officiers publics ou ministériels procédant à une vente publique aux enchères doivent, Si l'acquéreur le demande, lui délivrer une facture, quittance, bordereau de vente ou extrait du procès verbal de la vente publique contenant les spécifications qu'ils auront avancées quant à la nature, la composition, l'origine et l'ancienneté de la chose vendue.

Art. 2 - La dénomination d'une oeuvre ou d'un objet, lorsqu'elle est uniquement et immédiatement suivie de la référence à une période historique, un siècle ou une époque, garantit l'acheteur que cette œuvre ou objet a été effectivement produit au cours de la période de référence.

Art. 3 - À moins qu'el]e ne soit accompagnée d'une réserve expresse sur l'authenticité, l'indication qu'une oeuvre ou un objet porte l'estampille d'un artiste entraîne la garantie que l'artiste mentionné en est effectivement l'auteur.

Le même effet s'attache à l'emploi du terme « par » ou « de » suivi de la désignation de l'auteur.

Il en va de même lorsque le nom de l'artiste est immédiatement suivi de la désignation de l'auteur.

Art.4 - L'emploi du terme « attribué à » suivi d'un nom d'artiste garantit que l'œuvre ou l'objet a été exécuté pendant la période de production de l'artiste mentionné et que des présomptions sérieuses désignent celui-ci comme l'auteur vraisemblable.

Art. 5 - L'emploi des termes « atelier de » suivis d'un nom d'artiste garantit que l'œuvre a été exécutée dans l'atelier du maître cité ou sous sa direction.

La mention d'un atelier est obligatoirement suivie d'une indication d'époque dans le cadre d'un atelier familial ayant conservé le même nom sur plusieurs générations.

Art. 6 - L'emploi des termes « école de » suivis d'un nom d'artiste entraîne la garantie que l'auteur de l'œuvre a été l'élève du maître cité, a notoirement subi son influence ou bénéficié de sa technique. Ces termes ne peuvent s'appliquer qu'à une œuvre exécutée du vivant de l'artiste ou dans un délai inférieur à cinquante ans après sa mort.

Lorsqu'il se réfère à un lieu précis, l'emploi du terme « école de » garantit que l'œuvre a été exécutée pendant la durée d'existence du mouvement artistique désigné, dont l'époque doit être précisée et par un artiste et par un artiste ayant participé à ce mouvement.

Art. 7 - Les expressions « dans le goût de », « style », « manière de », « genre de », « d'après », « façon de » ne confèrent aucune garantie particulière d'identité d'artiste, de date de l'œuvre ou d'école.

Art. 8 - Tout fac-similé, surmoulage, copie ou autre reproduction d'une œuvre d'art ou d'un objet de collection doit être désigné comme tel.

Art. 9 - Tout fac-similé, surmoulage, copie ou autre reproduction d'une œuvre d'art originale au sens de l'article 71 de l'annexe III du Code Général des impôts, exécuté postérieurement à la date d'entrée en vigueur du présent décret, doit porter de manière visible et indélébile la mention « Reproduction ».

Art. 10 - Quiconque aura contrevenu aux dispositions des articles 1 et 9 du présent décret sera passible des amendes prévues pour les contraventions de la cinquième classe.

ART STATUAIRE : Unité de l'œuvre
(du plâtre aux épreuves)

La Cour de cassation, dans une décision récente relative au droit de suite (Cass. Civ. I, 18 Mars 1986, req. N°8413749, SPADEM c/SCP Champion Lombard) a souligné l'unité de l'œuvre du plâtre aux épreuves :

« Il résulte des articles 1,3 et 7 de la loi du 11 Mars 1957, l'article 1er de la loi du 20 Mai 1920 ainsi que des usages que, même s'il est vrai qu'un modèle en plâtre ou en terre cuite est le seul réalisé par le sculpteur personnellement, les épreuves en bronze à tirage limité coulées à partir de ce modèle dont elles tiennent entièrement leur originalité, n'en doivent pas moins être considérées comme l'œuvre elle-même émanant de la main de l'artiste. Par un procédé technique spécial, la réalisation de l'œuvre protégée s'achève ainsi : sous les espèces de plusieurs matériels dans lesquels elle s'incorpore et dans lesquels le droit de suite trouve également son objet. Dès lors, le fait que le tirage limité des épreuves en bronze soit postérieur au décès du sculpteur n'a aucune influence sur le caractère d'œuvre originale et de création personnelle de la part du sculpteur, revêtu par ces épreuves, ni sur l'exercice du droit de suite en cas de vente de l'une d'elles. »

Jugement de Cassation du 18 mars 1986

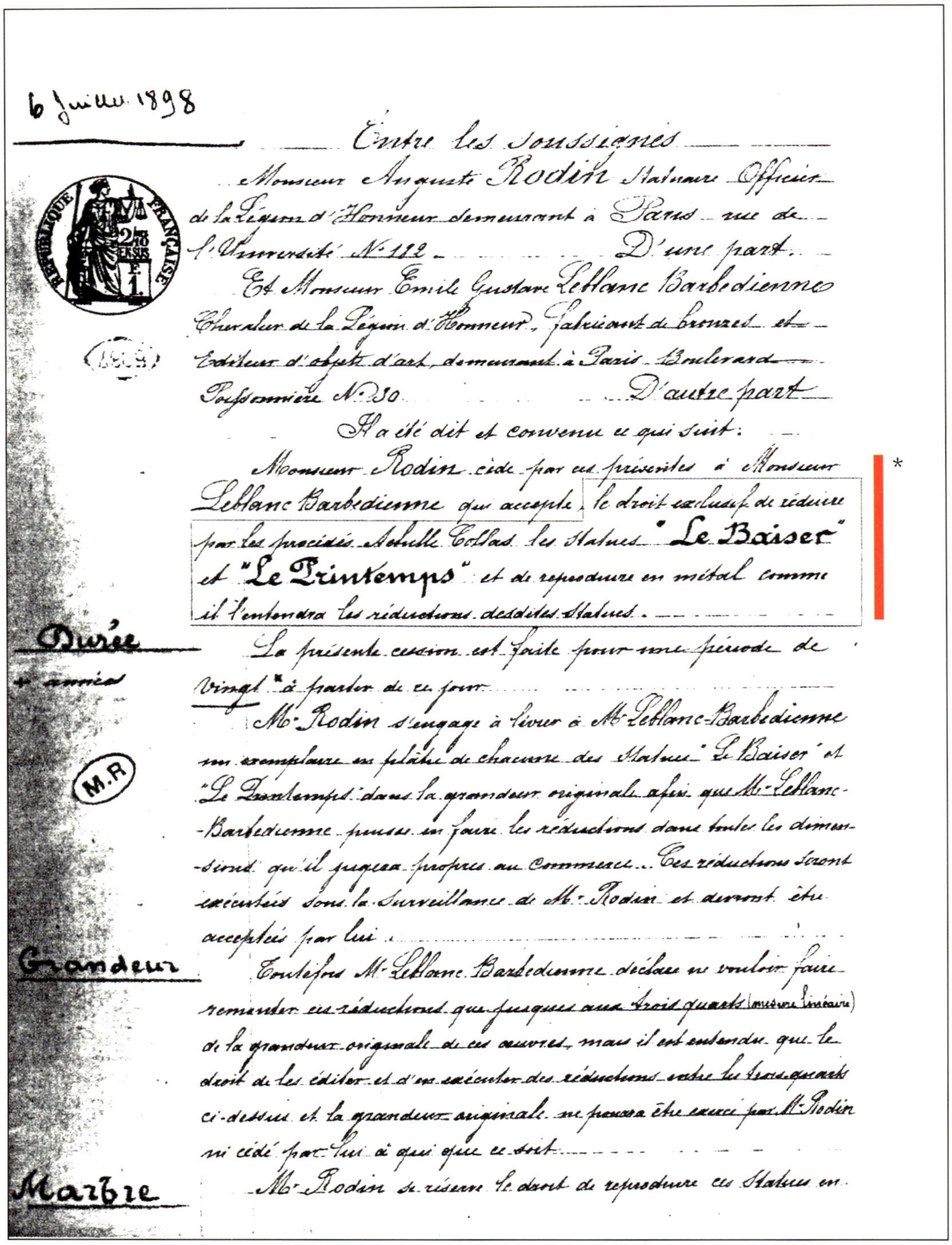

6 Juillet 1898

Entre les soussignés

Monsieur Auguste Rodin Statuaire Officier de la Légion d'Honneur demeurant à Paris rue de l'Université N° 182 — D'une part.

Et Monsieur Emile Gustave Leblanc Barbedienne Chevalier de la Légion d'Honneur, fabricant de bronzes et Editeur d'objets d'art, demeurant à Paris Boulevard Poissonnière N° 30 — D'autre part

Il a été dit et convenu ce qui suit :

Monsieur Rodin cède par ces présentes à Monsieur Leblanc Barbedienne qui accepte, le droit exclusif de réduire par les procédés Achille Colas les statues "Le Baiser" et "Le Printemps" et de reproduire en métal comme il l'entendra les réductions desdites statues. *

Durée — La présente cession est faite pour une période de vingt* à partir de ce jour. (+ années)

Mr Rodin s'engage à livrer à Mr Leblanc-Barbedienne un exemplaire en plâtre de chacune des statues "Le Baiser" et "Le Printemps" dans la grandeur originale afin que Mr Leblanc-Barbedienne puisse en faire les réductions dans toutes les dimensions qu'il jugera propres au commerce. Ces réductions seront exécutées sous la surveillance de Mr Rodin et devront être acceptées par lui.

Grandeur — Toutefois Mr Leblanc Barbedienne déclare ne vouloir faire [illegible] ces réductions que jusques aux trois quarts (mesure linéaire) de la grandeur originale de ces œuvres, mais il est entendu que le droit de les éditer et d'en exécuter des réductions entre les trois quarts ci-dessus et la grandeur originale ne pourra être exercé par Mr Rodin ni cédé par lui à qui que ce soit.

Marbre — Mr Rodin se réserve le droit de reproduire ces statues en

Extrait du contrat du 6 juillet 1898 entre Rodin et Barbedienne.

** Monsieur Rodin cède par la présente à Monsieur Leblanc Barbedienne qui accepte le droit exclusif de réduire par les procédés Achille Colas les statues « **Le Baiser** » et « **Le printemps** » et de reproduire en métal comme il l'entendra les réductions des dites statues.*

Le *Balzac* de Rodin : naissance de l'art moderne ?

Le Balzac de Rodin nous a semblé être son œuvre majeure ; celle par laquelle est né l'art moderne... Acouchement douloureux, persécuté par les sarcasmes et les quolibets... Et pourtant certains avaient compris. Laissons parler Oscar Wilde, Franck Harris, Paul Signac et Rodin lui-même.

« La statue de Balzac est exactement ce qu'est ou devrait être un romancier. La tête léonine d'un ange déchu en robe de chambre. La tête est magnifique, la robe de chambre un cône de plâtre blanc absolument sans forme. Les gens hurlent de rage ».

Oscar Wilde (1854-1900)

« La première impression : celle d'un extraordinaire grotesque, quelque chose de monstrueux et de surhumain. Sous la vieille robe de chambre avec ses manches vides, l'homme est là, debout, les mains réunies devant lui et la tête rejetée en arrière. La pose a quelque chose de théâtral, la tête quelque chose d'inquiétant. Oui inquiétants : les grandes mâchoires, et la gorge immense qui semble jaillir de la poitrine et en faire partie, les creux caverneux des yeux sans globes ni regard et au-dessus, le front rétréci par les mèches de cheveux ; un grotesque d'une extraordinaire puissance. La personnalité de la figure est oppressante : il y a en elle une passion de travail et d'accomplissement, d'affirmation de soi et de triomphe qui provoque l'antagonisme et une vague crainte. Voila un titan qui a fait un monde et pourrait aussi bien le défaire. Il y a dans la chose un élément démoniaque qui fait frémir le sang. Voilà enfin la statue d'un grand homme qui est digne de son génie, et elle a été rejetée par la plus éminente société de connaisseurs en France, ce qui est assez naturel. »

Franck Harris (1856-1931)

« À côté de ce colosse rude et puissant, la plupart des sculptures qui l'entourent ont l'air de poupées de coiffeur. »

Paul Signac (1863-1935)

« J'avoue que, personnellement, j'ai la conscience d'avoir réalisé absolument mon rêve... Pour moi la sculpture moderne ne saurait être de la photographie. L'artiste doit travailler non seulement avec sa main, mais surtout avec son cerveau... Avez-vous regardé ma statue en vous mettant à la droite du Balzac, à vingt pas du socle ? »

Auguste Rodin

Gérard Depardieu incarne Rodin dans « Camille Claudel »

Remerciements :

Les auteurs remercient tout particulièrement
pour leur aimable contribution :
- Le Musée Rodin à Paris.
- Gérard Depardieu.
- Reine Marie Paris, nièce de Camille Claudel.
- Léonardo Benatov.
- La Galerie Élégance à Taïpei (Taïwan).

CRÉDIT PHOTOGRAPHIQUE :

Corbis : 1ère et 4e de couverture, p. 43, 55, 61, 67, 68, 79, 80, 81, 82, 91 - La Réunion des Musées Nationaux : p. 33, 35, 39, 40, 41, 78 - Bridgeman Giraudon : p. 12, 52, 68, 89, 90, 92 - Studio Canal et Art Média (pour Gérard Depardieu) p. 106, 107- Musée Rodin à Paris : p. 31, 56, 57 - Années Lumières Production pour les bronzes édités par Artco France - Galerie Élégance à Taïpei (Taïwan) : p. 84, 86, 87, 88.

CONCEPTION GRAPHIQUE : Michel Marie.

Table des matières

Achevé d'imprimer
par l'Angle de Marge
pour le compte de
CHEMINEMENTS

Dépôt légal : mai 2005